Basiswissen

Schuldrecht Allgemeiner Teil

2022

Frank Müller
Rechtsanwalt und Repetitor

ALPMANN UND SCHMIDT Juristische Lehrgänge Verlagsges. mbH & Co. KG
48143 Münster, Alter Fischmarkt 8, 48001 Postfach 1169, Telefon (0251) 98109-0
AS-Online: www.alpmann-schmidt.de

Müller, Frank
Basiswissen
Schuldrecht
Allgemeiner Teil

8. Auflage 2022

ISBN: 978-3-86752-823-8

Verlag Alpmann und Schmidt Juristische Lehrgänge
Verlagsgesellschaft mbH & Co. KG, Münster

Unterstützen Sie uns bei der Weiterentwicklung unserer Produkte.
Wir freuen uns über Anregungen, Wünsche, Lob oder Kritik an:
feedback@alpmann-schmidt.de

1. Teil: Systematik im Schuldrecht 1

1. Abschnitt: Grundstruktur einer Schuldrechtsklausur 1

■ Check zum 1. Abschnitt 5

2. Abschnitt: Das Schuldverhältnis 6

A. Begründung von Schuldverhältnissen 6

B. Pflichten aus dem Schuldverhältnis 7

I. Leistungspflichten, § 241 Abs. 1 7

II. Nebenpflichten, § 241 Abs. 2 8

III. Rechtsfolgen bei Pflichtverletzungen 10

C. Obliegenheiten 11

I. Der Begriff der Obliegenheit 11

II. Klausurrelevante Beispiele für Obliegenheiten 12

1. Die Schadensminderungsobliegenheit nach § 254 Abs. 2 S. 1 12

2. Der Gläubigerverzug, §§ 293–304 12

D. Die wichtigsten Gläubigerrechte bei einer Pflichtverletzung 12

I. Schadensersatz 13

1. Der Grundtatbestand des § 280 Abs. 1 13

2. Schadensersatz „neben der Leistung" und „statt der Leistung" 15

a) Schadensersatz „neben der Leistung" 16

b) Schadensersatz „statt der Leistung" 17

II. Rücktritt 18

1. Gesetzliches Rücktrittsrecht bei Pflichtverletzung des Schuldners 18

2. Gesamtüberblick zu den Rechten des Gläubigers 20

■ Check zum 2. Abschnitt 22

2. Teil: Grundwissen im Schuldrecht 23

1. Abschnitt: Begründung von Schuldverhältnissen 23

A. Rechtsgeschäftliche Schuldverhältnisse 23

I. Vertragliche Schuldverhältnisse 23

II. Vertrag zugunsten Dritter, § 328 23

1. Die Rechtsbeziehungen im Vertrag zugunsten Dritter 23

2. Voraussetzungen 24

3. Rechtsfolge: der Dritte erwirbt einen Anspruch gegen den Schuldner 24

4. Bei Pflichtverletzungen des Schuldners 24

III. Vertrag mit Schutzwirkung zugunsten Dritter (VSD) 25
1. Die Rechtsbeziehungen 25
2. Voraussetzungen 25
3. Rechtsfolgen für den Dritten 26
B. Rechtsgeschäftsähnliche Schuldverhältnisse 26
I. Vorvertragliche Schuldverhältnisse, § 311 Abs. 2 26
1. § 311 Abs. 2 Nr. 1: Aufnahme von Vertragsverhandlungen 26
2. § 311 Abs. 2 Nr. 2: Vertragsanbahnung 26
3. § 311 Abs. 2 Nr. 3: Ähnliche geschäftliche Kontakte 27
II. Besonderes Schuldverhältnis zu Dritten, die nicht Vertragspartei werden sollen, §§ 311 Abs. 3, 241 Abs. 2 28
1. Inanspruchnahme besonderen persönlichen Vertrauens durch den Dritten 28
2. Eigenes wirtschaftliches Interesse des Dritten 28
3. Sonstige Dritte 29
C. Rechtsfolgen bei Pflichtverletzungen 29
I. Keine Leistungspflichten 29
II. Nebenpflichtverletzungen bei rechtsgeschäftsähnlichen Schuldverhältnissen i.S.v. § 311 Abs. 2, Abs. 3 29
■ Check zum 1. Abschnitt 31

2. Abschnitt: Erfüllung von Leistungspflichten 32
A. Erfüllung von Leistungen, §§ 362 ff. 32
I. Leistet der Schuldner den geschuldeten Gegenstand, so gilt § 362 32
II. Leistet hingegen der Schuldner einen anderen Gegenstand als ursprünglich geschuldet, so gilt § 364 33
III. Bewirken der Leistung 33
IV. Ungeschriebene Voraussetzung der Erfüllung 34
V. Besonderheiten bei der Erfüllung 34
1. Erfüllung mehrerer Forderungen, §§ 366 ff. 34
2. Fremdtilgung durch Dritte, § 267 34
B. Erfüllungssurrogat: Aufrechnung gemäß §§ 387 ff. 35
■ Check zum 2. Abschnitt 37

3. Abschnitt: Nichterfüllung von Hauptpflichten 38
A. Die Unmöglichkeit 38
I. Problemstellung 38
II. Fallgruppen der Unmöglichkeit 40

1. Tatsächliche/rechtliche Unmöglichkeit, § 275 Abs. 1 41
   a) Unmöglichkeit bei Stück-, Gattungs- und Geldschuld 42
      aa) Stückschuld 42
      bb) Gattungsschuld 42
      cc) Geldschuld 46
   b) Unmöglichkeit bei Überschreiten der Leistungszeit (absolutes Fixgeschäft) 47
2. Praktische Unmöglichkeit, § 275 Abs. 2 48
3. Persönliche Unmöglichkeit, § 275 Abs. 3 49
4. Abgrenzung faktische Unmöglichkeit zur Störung der Geschäftsgrundlage 49

III. Auswirkungen in der Fallprüfung 50
1. Auswirkungen auf die Leistungspflicht des Schuldners 50
2. Auswirkungen auf die Gegenleistungspflicht des Gläubigers beim gegenseitigen Vertrag 51
   a) Automatisches Erlöschen kraft Gesetzes 51
      aa) Der Grundsatz des § 326 Abs. 1 S. 1 Hs. 1 51
      bb) Ausnahmen zu § 326 Abs. 1 S. 1 52
   b) Erlöschen durch Rücktritt des Gläubigers bei Teilunmöglichkeit, § 326 Abs. 5 i.V.m. § 323 Abs. 5 S. 1 57
3. Sekundäransprüche des Gläubigers bei Unmöglichkeit 58
   a) Ersatzansprüche bei anfänglicher Unmöglichkeit, § 311 a Abs. 2 59
   b) Ersatzansprüche bei nachträglicher Unmöglichkeit, §§ 280 Abs. 1, Abs. 3, 283 61
   c) Ersatz nutzloser Aufwendungen, § 284 63
   d) Anspruch auf das sog. Stellvertretende Commodum, § 285 64

B. Das Ausbleiben der Leistung 64

I. Systematik 64

II. Fallgruppen 65
1. Schlichte Nichtleistung 65
2. Schuldnerverzug, § 286 65
   a) Fälliger, durchsetzbarer Anspruch 66
   b) Mahnung oder Entbehrlichkeit 66
   c) Nichtleistung 68
   d) Vertretenmüssen des Schuldners 68

III. Auswirkungen in der Fallprüfung 68
1. Auswirkung auf die Leistungspflicht des Schuldners 68

2. Auswirkung auf die Gegenleistungspflicht 68
3. Sekundärrechte des Gläubigers 69
a) Schadensersatzansprüche 70
aa) Schadensersatz neben der Leistung, §§ 280 Abs. 1, Abs. 2, 286 70
bb) Schadensersatz statt der Leistung, §§ 280 Abs. 1, Abs. 3, 281 Abs. 1 S. 1 Var. 1 72
b) Aufwendungsersatzansprüche, § 284 74
c) Rückgewähransprüche, §§ 346 ff. 75

C. Klausurhinweise zum Prüfungsaufbau 76
I. Beachtung der Fallfrage 76
II. Auswirkungen im Prüfungsaufbau 77

■ Check zum 3. Abschnitt 80

4. Abschnitt: Gläubigerverzug, §§ 293 ff. 81
A. Die Voraussetzungen des Gläubigerverzugs, §§ 293–299 81
B. Die Rechtsfolgen des Gläubigerverzugs, §§ 300 ff. 82

■ Check zum 4. Abschnitt 84

5. Abschnitt: Störung der Geschäftsgrundlage 85
A. Prüfungsschema zur Störung der Geschäftsgrundlage 86
B. Voraussetzungen der SGG, § 313 87
I. Anwendbarkeit 87
II. Voraussetzungen 87
III. Rechtsfolge der SGG, § 313 Abs. 1, Abs. 3 89

■ Check zum 5. Abschnitt 90

1. Teil: Systematik im Schuldrecht

Das vorliegende Skript soll einen ersten Überblick über die Systematik der Schuldverhältnisse verschaffen. Wir gehen dabei nach der Methode „vom Allgemeinen zum Besonderen" vor und beschäftigen uns zunächst allgemein mit dem Schuldverhältnis.

Hinweis: §§ ohne Gesetzesangabe sind natürlich solche des BGB!

1. Abschnitt: Grundstruktur einer Schuldrechtsklausur

Der **wohl häufigste Klausurtyp bei einer Schuldrechtsklausur** ist der einer **Anspruchsklausur**, bei der **Ansprüche eines Gläubigers gegenüber seinem Schuldner** zu prüfen sind.

Es sind die folgenden **drei Arbeitsbereiche** abzuarbeiten:

__Hinweis:__ Diese Arbeitsbereiche und die zugrundeliegenden Techniken sind __für jede Klausur in jedem Rechtsgebiet__ dieselben, vom ersten Semester bis zum Examen. Sie werden ausführlich dargestellt im Basiswissen „Methodik der Fallbearbeitung im Studium und Examen – Wie schreibe ich eine Klausur?" von Alpmann Schmidt. !

1. Arbeitsbereich: Erfassen der Aufgabe

In diesem Arbeitsbereich ist zum einen **der Sachverhalt gedanklich genau zu erfassen**, was bei komplexeren und komplizierteren Sachverhalten durch Anfertigen einer Skizze erleichtert wird.

Zum anderen ist hierbei die **Fallfrage zu konkretisieren**. Die Ausgangsfrage, die sich insoweit bei einer Anspruchsklausur stellt, lautet: **Wer will was von wem woraus?**

Danach sind folgende Punkte zu klären:

„Die vier goldenen W"

- Wer ist der **Anspruchsteller**, d.h. der Gläubiger **(„Wer")**?
- Welches **Anspruchsziel („Was")** wird verfolgt?
- Wer ist der **Anspruchsgegner**, d.h. der Schuldner **(„von Wem")**?
- Auf welche **Anspruchsgrundlage („Woraus")** wird das Anspruchsziel gestützt?

2. Arbeitsbereich: Begutachtung/Erstellen der Lösungsskizze

Bei diesem Arbeitsschritt sind zunächst die in Betracht kommenden Anspruchsgrundlagen zu suchen, danach sind diese zu ordnen, d.h. deren Prüfungsreihenfolge ist festzulegen, und schließlich sind die einzelnen Anspruchsgrundlagen zu prüfen.

Wie finde ich die richtige Anspruchsgrundlage auf?

Beim Auffinden der Anspruchsgrundlage ist stets vom Gläubigerbegehren auszugehen: Was will der Gläubiger? Will er Erfüllung oder Schadensersatz etc.? Sie müssen dann eine Norm suchen, deren Rechtsfolge genau diesem Begehren Rechnung trägt.

! ***Merke:** Erst wenn geklärt ist, was das **Anspruchsbegehren** ist, kann (im Anschluss) ermittelt werden, wie dieses Begehren **begründet** werden kann!*

Welche Reihenfolge ist bei der Prüfung der Anspruchsgrundlagen einzuhalten?

In dem Fall, dass für ein Anspruchsbegehren mehrere Anspruchsgrundlagen in Betracht kommen, richtet sich die Reihenfolge der Prüfung nach folgendem dreistufigen Prüfungsschema:

Prüfungsschema
I. Rechtsgeschäftliche Ansprüche
II. Rechtsgeschäftsähnliche Ansprüche
III. Gesetzliche Ansprüche

! ***Hinweis:** Die **Begründung dieser Prüfungsreihenfolge** haben wir bereits ausführlich im **AS-Basiswissen BGB AT** und im **AS-Basiswissen Methodik der Fallbearbeitung** dargestellt!*

Bei der **Darstellung des Grundwissens im 2. Teil dieses Skripts** werden wir deshalb **nach diesem Dreierschritt** vorgehen, damit Sie sich von vornherein diese grundlegende Reihenfolge für die Prüfung aneignen.

Prüfungsschema

I. Rechtsgeschäftliche Ansprüche:

1. Primäransprüche
2. Sekundäransprüche
   a) wegen Pflichtverletzung
      - Unmöglichkeit
      - Ausbleiben einer möglichen Leistung
      - Schlechtleistung
      - Verletzung einer Nebenpflicht (§ 241 Abs. 2)

   b) wegen Störung: § 313 (Störung der Geschäftsgrundlage)

II. Rechtsgeschäftsähnliche Ansprüche:

1. §§ 280 Abs. 1, 311 Abs. 2 (c.i.c.)
2. §§ 677 ff. (GoA)

III. Gesetzliche Ansprüche:

1. E-B-V (§§ 985 ff.)
2. Delikt (§§ 823 ff.)
3. Ungerechtfertigte Bereicherung (§§ 812 ff.)

Hinweis: *Im Fall der berechtigten GoA kommt gemäß §§ 677, 683 ein gesetzliches Schuldverhältnis zustande, das dem Auftragsrecht nachgebildet ist. Aus diesem Grunde können die §§ 677 ff. bei der Prüfung unter „Rechtsgeschäftsähnliche Ansprüche" eingeordnet werden; möglich ist aber auch die Zuordnung als gesetzliche Ansprüche (str.!).*

Wie ist bei der Prüfung der einzelnen Anspruchsgrundlagen vorzugehen? Wie wird in solchen Klausuren eine Vernetzung zu Problemen aus dem BGB AT erreicht?

Bei der Überprüfung eines Anspruchs ist stets (zumindest gedanklich!) nach folgendem **Aufbauschema** vorzugehen:

Aufbauschema

I. Anspruch entstanden

II. Anspruch nicht untergegangen

III. Anspruch durchsetzbar

Aufbauschema für die Anspruchsprüfung

I. Anspruch ist entstanden

1. Anspruchsvoraussetzungen
2. Kein Vorliegen von rechtshindernden Einwendungen (= anfängliche Nichtigkeitsgründe, z.B. § 105; §§ 134, 138)

II. Anspruch ist nicht untergegangen

Keine rechtsvernichtenden Einwendungen (= Untergangsgründe, z.B. § 275; § 362)

1. Voraussetzungen
2. kein Ausschluss

III. Anspruch ist durchsetzbar

1. Keine rechtshemmenden Einreden, z.B. § 214 Abs. 1; § 320
   - **a)** Einrede erhoben
   - **b)** Voraussetzungen
   - **c)** kein Ausschluss
2. Kein Eingreifen von § 242 (Treu und Glauben)

!

Hinweis: *Die einzelnen* ***Prüfungspunkte dieses Aufbauschemas*** *haben wir im* ***AS-Basiswissen BGB AT*** *näher dargestellt!*

Vernetzung mit Problemen aus dem BGB AT

Zu beachten ist, dass der Ersteller der Klausur immer dann, wenn er auch vertragliche Ansprüche abprüft, die Möglichkeit hat, Probleme beim Zustandekommen des Vertrags einzubauen, um damit **im Rahmen einer Schuldrechtsklausur eine Vernetzung mit Problemen aus dem BGB Allgemeiner Teil zu erreichen**! Wir haben die insoweit **klausurrelevanten Kernbereiche** im **AS-Basiswissen BGB AT** dargestellt (z.B. Willensmängel, Stellvertretung, Minderjährigenrecht).

3. Arbeitsbereich: Erstellung des Gutachtens

In diesem letzten Schritt werden die in den beiden vorherigen Arbeitsschritten erzielten Ergebnisse nunmehr niedergeschrieben, wobei **der Aufbau und die Struktur der Niederschrift dem Aufbau und der Struktur der Gliederung zu folgen** haben.

Zur Formulierung, d.h. zum Stil und zur Sprache der Klausur sowie zur Präsentation, also insbesondere zur Schwerpunktsetzung und Darstellung von Meinungsstreitigkeiten, vgl. die ausführlichen Hinweise im **AS-Basiswissen Methodik der Fallbearbeitung**.

Check zum 1. Abschnitt

1. Wie kann die Fallfrage konkretisiert werden, um die Aufgabenstellung präzise zu erfassen?

1. Die Fallfrage ist anhand der „vier goldenen W" zu ermitteln: **Wer** (ist der Anspruchsteller) will **was** (Anspruchsziel), von **wem** (Anspruchsgegner), **woraus** (Anspruchsgrundlage)?

2. Welche Reihenfolge ist bei der Prüfung der Anspruchsgrundlagen einzuhalten, wenn die Fallfrage dies nicht selbst vorgibt?

2. Das dreistufige Prüfungsschema lautet: Zunächst sind rechtsgeschäftliche Ansprüche zu erörtern. Alsdann sind die rechtsgeschäftsähnlichen Ansprüche zu prüfen, also z.B. Schadensersatzansprüche aus § 280 Abs. 1 i.V.m. § 311 Abs. 2 wegen vorvertraglicher Pflichtverletzung (c.i.c.) sowie GoA nach §§ 677 ff. Alsdann sind die gesetzlichen Ansprüche zu erörtern, z.B. aus EBV, §§ 985 ff. oder Delikt, §§ 823 ff. oder ungerechtfertigter Bereicherung, §§ 812 ff.

3. Welche Ansatzpunkte bieten sich für Sekundäransprüche bei Pflichtverletzungen im Rahmen von Schuldverhältnissen?

3. Besteht die Pflichtverletzung in einer Nichtleistung, so kommt Unmöglichkeit oder Verzögerung/Verzug in Betracht. Besteht hingegen die Pflichtverletzung in einer Schlechtleistung, so ist das Gewährleistungsrecht der jeweiligen Vertragsart zu prüfen (z.B. §§ 434 ff). Bei Verletzung einer Nebenpflicht i.S.v. § 241 Abs. 2, § 242 kommt der allgemeine Schadensersatzanspruch aus § 280 Abs. 1 BGB in Betracht, bei gravierenden Nebenpflichtverletzungen unter Umständen § 282. Liegt eine Störung des Schuldverhältnisses vor, welche nicht auf einer Pflichtverletzung beruht, so kommt Störung der Geschäftsgrundlage i.S.v. § 313 in Betracht.

4. Welches allgemeine Aufbauschema gilt für die Anspruchsprüfung?

A. Anspruch entstanden?
I. Subsumtion unter Anspruchsgrundlage
II. Wirksamkeit des Anspruchs – Subsumtion unter rechtshindernden Einwendungen (§§ 104, 116–118, 138, 142, ...)
B. Anspruch erloschen – Subsumtion unter rechtsvernichtenden Einwendungen (§§ 362, 389, 397, 398, 275 ...)
C. Anspruch durchsetzbar? – Subsumtion unter rechtshemmenden Einreden (§§ 194 ff., 320, 273)

4. Grundsätzlich gilt der allgemeine, dreistufige Anspruchsaufbau:

(I) Der Anspruch muss entstanden sein. Hier sind die Voraussetzungen der Anspruchsgrundlage zu prüfen. Ferner dürfen keine rechtshindernden Einwendungen, also keine anfänglichen Nichtigkeitsgründe, wie z.B. §§ 134, 138 vorliegen.

(II) Der entstandene Anspruch darf später nicht wieder untergegangen sein. Hier sind die sog. rechtsvernichtenden Einwendungen, also die Untergangsgründe zu erörtern, wie z.B. § 275, §§ 362 ff.

(III) Der nicht erloschene Anspruch muss auch durchsetzbar sein. Hier sind die sog rechtshemmenden Einreden zu erörtern, wie z.B. Verjährung, § 214 BGB. Die Besonderheit besteht darin, dass die rechtshemmenden Einreden nicht von Amts wegen berücksichtigt werden, sondern nur, wenn der Schuldner die Einrede erhoben hat („über Einreden muss man reden"). Im Einzelfall kann auch Treu und Glauben, § 242, die Durchsetzbarkeit des Anspruchs hemmen bzw. der Anspruch wegen Treu und Glauben verwirkt sein.

2. Abschnitt: Das Schuldverhältnis

Als **Schuldverhältnis** wird eine Rechtsbeziehung zwischen zwei oder mehreren Personen bezeichnet, durch die der eine (der Gläubiger) berechtigt ist, von dem anderen (dem Schuldner) eine Leistung zu fordern, **vgl. § 241 Abs. 1**.

Das Recht der Schuldverhältnisse (Schuldrecht) ist im 2. Buch des BGB geregelt und lässt sich in zwei große Abschnitte gliedern:

- In den §§ 241–432 sind die Regelungen vor die Klammer gezogen, die für alle Schuldverhältnisse gelten (Allgemeiner Teil des Schuldrechts).
- § 241 a enthält Sonderregelungen für die Zusendung nicht bestellter Waren.
- Die §§ 433–853 enthalten Vorschriften über die einzelnen Schuldverhältnisse (Besonderer Teil des Schuldrechts). Hier finden sich die Vertragsarten, aber auch gesetzliche Schuldverhältnisse (z.B. §§ 812 ff.; §§ 823 ff.).

A. Begründung von Schuldverhältnissen

Schuldverhältnisse entstehen entweder **durch Rechtsgeschäft** oder **kraft Gesetzes**. Daneben können auch aus bestimmten geschäftlichen Kontakten sog. **„rechtsgeschäftsähnliche Schuldverhältnisse"** entstehen. Diese sind an sich als gesetzliche Schuldverhältnisse einzuordnen; sie sind jedoch den vertraglichen Schuldverhältnissen weitgehend gleichgestellt. Somit ergibt sich folgender Überblick (Einzelheiten im 2. Teil, 1. Abschnitt):

Schuldverhältnis

Rechtsgeschäftlich	Rechtsgeschäftsähnlich	Gesetzlich
▪ **§ 311 Abs. 1:** durch Vertrag ▪ auch Vertrag zugunsten Dritter, **§ 328**	▪ **§ 311 Abs. 2:** vorvertraglich ▪ **§ 311 Abs. 3:** besonderes Vertrauensverhältnis	▪ **GoA**, §§ 677 ff. ▪ **Ungerechtfertigte Bereicherung**, §§ 812 ff. ▪ **Delikt**, §§ 823 ff.

- **Rechtsgeschäftliche** Schuldverhältnisse entstehen nach **§ 311 Abs. 1** durch Vertrag (z.B. Kaufvertrag, §§ 433 ff., oder Werkvertrag, §§ 631 ff.), also aufgrund Einigung der Parteien. Schuldrechtliche Verträge wirken grundsätzlich nur zwischen den Vertragsparteien, sog. relative Wirkung. Eine Ausnahme gilt beim

Vertrag zugunsten Dritter, § 328, sowie bei dem gesetzlich nicht geregelten Vertrag mit Schutzwirkung zugunsten Dritter. Ausnahmsweise kann ein Schuldverhältnis durch einseitiges Rechtsgeschäft entstehen (z.B. Auslobung, § 657).

- Die **rechtsgeschäftsähnlichen** Schuldverhältnisse kommen nach den Voraussetzungen des **§ 311 Abs. 2** (lesen!) bereits durch die Aufnahme von Vertragsverhandlungen, die Anbahnung eines Vertrags oder ähnliche geschäftliche Kontakte zustande. Nach **§ 311 Abs. 3** (lesen!) kann ausnahmsweise auch zu Dritten, mit denen der Vertrag gar nicht geschlossen werden soll, weil sie nur Stellvertreter oder Vermittler sind, ein Schuldverhältnis bestehen, z.B. wenn der Dritte besonderes Vertrauen erzeugt hat.
- **Gesetzliche** Schuldverhältnisse entstehen unabhängig vom Willen der Parteien aufgrund einer gesetzlichen Anordnung (z.B. Geschäftsführung ohne Auftrag, §§ 677 ff., ungerechtfertigte Bereicherung, §§ 812 ff., unerlaubte Handlung, §§ 823 ff.). Ein Vertrag ist also gerade nicht erforderlich.

Eine ausführliche Darstellung haben wir im AS-Basiswissen Gesetzliche Schuldverhältnisse.

B. Pflichten aus dem Schuldverhältnis

Bei den sich aus einem rechtsgeschäftlichen Schuldverhältnis ergebenden Pflichten ist zwischen **Leistungspflichten (§ 241 Abs. 1)** und (leistungsunabhängigen) **Nebenpflichten (§ 241 Abs. 2)** zu unterscheiden.

I. Leistungspflichten (§ 241 Abs. 1)

Nach **§ 241 Abs. 1** ist der Gläubiger kraft des Schuldverhältnisses berechtigt, von dem Schuldner eine Leistung zu fordern. § 241 Abs. 1 könnte man auch dergestalt umformulieren, dass der Gläubiger gegenüber dem Schuldner kraft des Schuldverhältnisses einen **(Primär-)Anspruch** hat. Der Begriff des Anspruchs ist in § 194 Abs. 1 gesetzlich definiert: Ein Anspruch ist demnach das Recht, von einem anderen ein Tun oder Unterlassen zu verlangen.

Beispiele:

- Nach § 433 Abs. 1 S. 1 hat der Käufer gegenüber dem Verkäufer einen Anspruch auf Übergabe und Übereignung der Kaufsache (der Käufer ist in diesem Fall Gläubiger, der Verkäufer Schuldner).

- Nach § 433 Abs. 2 hat der Verkäufer gegenüber dem Käufer einen Anspruch auf Zahlung des vereinbarten Kaufpreises und auf Abnahme der Kaufsache (in diesem Fall ist der Verkäufer Gläubiger und der Käufer Schuldner).

Bei diesen sog. **primären Leistungspflichten** ist zu unterscheiden zwischen:

1. Hauptleistungspflichten: Das sind diejenigen Pflichten, derentwegen der Vertrag geschlossen wurde. Diese finden sich in der Regel im Schuldrecht BT im 1. Paragrafen der jeweiligen Vertragsart (§§ 433, 535, 611, 630 a, 631). Beim gegenseitigen Vertrag stehen diese Pflichten in einem Gegenseitigkeitsverhältnis (sog. Synallagma) i.S.d. §§ 320 ff.

Beispiel: Beim Kaufvertrag die Pflicht des Verkäufers, den Kaufgegenstand zu übergeben und zu übereignen; auf der anderen Seite die Pflicht des Käufers, den Kaufpreis zu bezahlen.

2. Nebenleistungspflichten: Diese Pflichten dienen der Vorbereitung, Durchführung und Sicherung der Hauptleistung. Sie sind also auf die Hauptleistung bezogen und ergänzen diese. Beachte: Diese Nebenleistungspflichten können vom Gläubiger auch eingeklagt werden!

Beispiel: Beim Verkauf von technischem Gerät ist der Verkäufer verpflichtet, (zusätzlich zur eigentlichen Kaufsache) eine Gebrauchsanweisung mitzuliefern.

§ 241 Abs. 1 ist keine Anspruchsgrundlage!

!

Klausurtipp: *Zu beachten ist, dass § 241 Abs. 1 – anders als z.B. § 433 Abs. 1 S. 1 oder § 433 Abs. 2 oder § 823 Abs. 1 – keine Anspruchsgrundlage ist. § 241 Abs. 1 ist allgemein gehalten und sagt, dass der Gläubiger von dem Schuldner eine Leistung fordern kann. Welche Leistung das ist, muss sich jedoch aus einer anderen Norm (z.B. § 433 Abs. 1 S. 1 oder § 433 Abs. 2) ergeben. In der Klausur spielt § 241 Abs. 1 daher keine Rolle!*

II. Nebenpflichten, § 241 Abs. 2

Neben den vorgenannten Leistungspflichten, die das Wesen des Schuldverhältnisses ausmachen, bestehen **Nebenpflichten** nach **§ 241 Abs. 2**. Der Schuldner hat hiernach auf die Rechte, Rechtsgüter und Interessen des Gläubigers Rücksicht zu nehmen.

Nebenpflichten i.S.d. § 241 Abs. 2 sind z.B.:

- **Schutzpflichten:** Die Parteien müssen sich so verhalten, dass Leben, Körper, Gesundheit, Eigentum etc. des anderen nicht verletzt werden (je nach Vertragsart auch z.T. spezieller geregelt, z.B. § 618).

Beispiel: B hat den Malermeister U beauftragt, seine Hausfassade zu streichen (Werkvertrag nach § 631). U lässt den Farbeimer fallen. Er verletzt dadurch den B und beschädigt dessen Kleidung. Das Fallenlassen des Farbeimers ist eine Pflichtverletzung i.S.d. § 241 Abs. 2.

- **Aufklärungs-/Offenbarungs-/Hinweispflichten:** Im Einzelfall kann für eine Partei die Pflicht bestehen, den anderen Teil unaufgefordert über entscheidungserhebliche Umstände zu informieren.

  Beispiel: Der Verkäufer eines Gebrauchtwagens muss den Käufer darauf hinweisen, dass das Fahrzeug ein Unfallwagen ist, es sei denn, dass durch den Unfall nur ein Bagatellschaden entstanden ist.

- **Treuepflichten:** Die Vertragsparteien müssen alles unterlassen, was den Vertragszweck oder den Leistungserfolg gefährdet oder beeinträchtigt.

  Beispiel: Die Bank trifft eine Verschwiegenheitspflicht gegenüber Dritten hinsichtlich der Bankgeschäfte ihrer Kunden.

Erfüllung der Nebenpflichten i.S.d. § 241 Abs. 2 nicht einklagbar

Beachte: *Die Erfüllung der leistungsunabhängigen Nebenpflichten i.S.d. § 241 Abs. 2 kann – anders als die der Nebenleistungspflichten – nicht selbstständig eingeklagt werden. Ihre Verletzung führt jedoch zu Sekundärrechten.*

Beispiel: S transportiert für den Umzug des K den neuen Schrank des Kunden K in dessen neue Wohnung. Als S sich danach auf den im Wohnzimmer stehenden Glastisch setzt, um sich auszuruhen, bricht dieser zusammen, da er erkennbar nicht für ein solches Gewicht geeignet ist. Aufgrund welcher Schuldverhältnisse kann K von S Schadensersatz verlangen?

I. In Betracht kommt zunächst ein Schadensersatzanspruch aus § 280 Abs. 1. Zwischen S und K besteht ein **Vertrag**, der auch das Aufstellen des Schranks in der Wohnung des K beinhaltet. Danach trifft den S als Nebenpflicht i.S.d. § 241 Abs. 2 die Pflicht, sich so zu verhalten, dass Körper, Leben, Eigentum und sonstige Rechtsgüter des K, mit denen er bei der Abwicklung des Vertrags in Berührung kommt, unversehrt (integer) bleiben. Die Beschädigung des Glastisches (Eigentumsverletzung) ist somit eine Vertragspflichtverletzung. Schadensersatz kann K von S somit aufgrund des vertraglichen Schuldverhältnisses aus § 280 Abs. 1 verlangen.

II. Daneben könnte ein Schadensersatzanspruch aus § 823 Abs. 1 bestehen. Wer vorsätzlich oder fahrlässig das Eigentum eines anderen rechtswidrig verletzt, ist ihm – **kraft Gesetzes** – zum Ersatz des daraus entstehenden Schadens verpflichtet. Hierbei handelt es sich um ein gesetzliches Schuldverhältnis. Es entsteht allein dadurch, dass S den Tatbestand des § 823 Abs. 1 erfüllt hat und ist völlig unabhängig davon, ob S mit K einen Vertrag abgeschlossen hat. Dass zwischen S und K zufällig auch noch ein vertragliches Schuldverhältnis besteht, hat auf den gesetzlichen Anspruch aus § 823 Abs. 1 grundsätzlich keinen Einfluss.

Auswirkungen bei der Beweislast: bei § 280 Abs. 1 wird Verschulden vermutet, bei § 823 Abs. 1 nicht.

III. Im vorliegenden Fall besteht zwischen den Ansprüchen aus Vertrag § 280 Abs. 1 und § 823 Abs. 1 Anspruchsgrundlagenkonkurrenz, d.h. der dem K entstandene Schaden kann aufgrund von zwei Anspruchsgrundlagen gefordert werden. Natürlich erhält K seinen Schaden im Ergebnis nur einmal ersetzt.

III. Rechtsfolgen bei Pflichtverletzungen

1. Werden die **Leistungspflichten nach § 241 Abs. 1** verletzt, dann entstehen Sekundäransprüche aus **Unmöglichkeit, Ausbleiben der Leistung oder Schlechtleistung**.

Vgl. dazu 2. Teil.

2. Obwohl auf die Einhaltung der Nebenpflichten kein einklagbarer (Primär-)Anspruch besteht, führt auch die Verletzung der **Nebenpflichten i.S.v. § 241 Abs. 2** zu **Sekundäransprüchen:** Grundsätzlich kann Schadensersatz gemäß § 280 Abs. 1 als Schadensersatz neben der (Haupt-)Leistung verlangt werden. Bei gravierenden Nebenpflichtverletzungen sogar Schadensersatz statt der Leistung gemäß § 280 Abs. 1, Abs. 3 i.V.m. § 282 bzw. Rücktrittsrecht gemäß § 324!

Pflichten aus dem rechtsgeschäftlichen Schuldverhältnis

Leistungspflichten, § 241 Abs. 1	**Leistungsunabhängige Nebenpflichten, § 241 Abs. 2**
Einklagbarer Anspruch auf: ■ Hauptleistungspflichten ■ Nebenleistungspflichten	Kein einklagbarer Anspruch: ■ Schutzpflichten ■ Aufklärungspflichten
bei Verletzung ↓	**bei Verletzung** ↓
Sekundäransprüche ■ Unmöglichkeit ■ Ausbleiben der Leistung ■ Schlechtleistung	**Sekundäre Pflichten** ■ Grundsätzlich: Schadensersatz neben der Leistung gemäß § 280 Abs. 1 ■ Ausnahmen: ▪ Schadensersatz statt der Leistung, §§ 280 Abs. 1, Abs. 3, 282 ▪ Rücktritt: § 324

3. Pflichtverletzungen

Eine Pflichtverletzung liegt vor, wenn der Schuldner hinter dem geschuldeten Pflichtenprogramm zurückbleibt. Unter diesen Oberbegriff der Pflichtverletzung fallen folgende **drei Arten:**

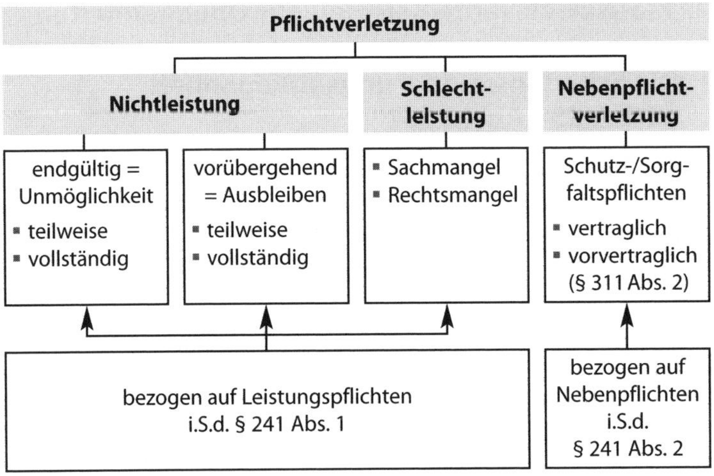

- Besteht die Pflichtverletzung in einer **Nichtleistung**, ist entscheidend, ob der Schuldner (dauerhaft) außerstande ist, die Leistung zu erbringen, dann liegt Unmöglichkeit (§ 275) vor. Ist hingegen die Leistung noch nachholbar, so liegt bloßes Ausbleiben der Leistung vor.
- Bei der **Schlechtleistung** hingegen hat der Schuldner (pünktlich) geleistet, jedoch ist die Leistung mangelhaft. Die Lösung erfolgt dann über das Gewährleistungsrecht der jeweiligen Vertragsart (z.B. §§ 434 ff., §§ 633 ff., also Schuldrecht BT!).
- Eine **Nebenpflichtverletzung** liegt hingegen vor, wenn bloße Schutz-/Sorgfaltspflichten i.S.v. § 241 Abs. 2 im vertraglichen oder vorvertraglichen Bereich (§ 311 Abs. 2) verletzt wurden.

Genauer hierzu im 2. Teil.

C. Obliegenheiten

I. Der Begriff der Obliegenheit

Von den Pflichten strikt zu trennen sind die sog. **Obliegenheiten**. Als solche werden Gebote bezeichnet, deren Einhaltung lediglich im eigenen Interesse liegt, da anderenfalls ein Rechtsverlust oder Rechtsnachteile drohen. Beachte: Es besteht also weder ein (primärer) Anspruch auf Erfüllung der Obliegenheit, noch besteht bei deren Verletzung ein (sekundärer) Schadensersatzanspruch!

II. Klausurrelevante Beispiele für Obliegenheiten

1. Die Schadensminderungsobliegenheit nach § 254 Abs. 2 S. 1

§ 254 Abs. 2 S. 1 (lesen!) stellt für den Geschädigten das Gebot auf, den Schädiger auf die Gefahr eines ungewöhnlich hohen Schadens aufmerksam zu machen, den Schaden abzuwenden und ihn zu mindern. Anderenfalls ist der Schadensersatzanspruch des Geschädigten im Umfang seines Mitverschuldens zu kürzen. Es besteht zwar keine Pflicht des Geschädigten, vor dem Schaden zu warnen, ihn abzuwenden oder zu mindern, sodass der Verstoß hiergegen keine eigene Schadensersatzpflicht des Geschädigten begründet. Er erleidet jedoch den Rechtsnachteil der Kürzung seines eigenen Anspruchs gemäß § 254 Abs. 2.

Beispiel: Schädiger S hat den G mit einem Schlag ins Gesicht verletzt. G hat eine blutende Wunde davongetragen. G hat daher gegen S einen Anspruch aus § 823 Abs. 1. Es trifft den G jedoch die Obliegenheit, die Wunde zu versorgen, sich gegebenenfalls in ärztliche Behandlung zu begeben und nicht etwa durch eine unsachgemäße Behandlung einen größeren Schaden zu verursachen. Andernfalls tritt für G der Rechtsnachteil ein, dass sein Anspruch aus § 823 Abs. 1 gemäß § 254 Abs. 2 S. 1 gekürzt wird.

2. Der Gläubigerverzug, §§ 293–304

Gemäß **§§ 293 ff.** besteht die Obliegenheit des Gläubigers, die ihm ordnungsgemäß angebotene Leistung des Schuldners anzunehmen. Verstößt der Gläubiger hiergegen, treffen ihn die Rechtsnachteile des Gläubigerverzugs (auch Annahmeverzug genannt):

- Gefahrtragung, §§ 300, 326 Abs. 2
- Da keine Pflichtverletzung vorliegt, ist bei Gläubigerverzug kein Schadensersatzanspruch vorgesehen. § 304 sieht als einzige Anspruchsgrundlage bei §§ 293 ff. lediglich einen Aufwendungsersatz bzgl. des erfolglosen Angebots des Schuldners vor.

Genauer dazu im 2. Teil.

D. Die wichtigsten Gläubigerrechte bei einer Pflichtverletzung

Betrachten wir jedoch zunächst in einem systematischen Überblick die beiden zentralen – besonders prüfungsrelevanten – Gläubigerrechte bei einer Pflichtverletzung: **Schadensersatz und Rücktritt.**

Der Gläubiger kann Schadensersatz verlangen und vom Vertrag zurücktreten. Während der Rücktritt verschuldensunabhängig ist, setzt ein Schadensersatzanspruch des Gläubigers ein Vertretenmüssen des Schuldners voraus.

Klausurtipp: *Hier zeigt sich, wie wichtig es ist, zwischen Pflichten und Obliegenheiten zu unterscheiden. Da der Gläubigerverzug keine Pflichtverletzung darstellt, kommen als Rechtsfolge weder Schadensersatzansprüche noch Rücktritt des Schuldners in Betracht, sondern lediglich die den Gläubiger treffenden Rechtsnachteile der §§ 300–304, 326 Abs. 2.* !

I. Schadensersatz

1. Der Grundtatbestand des § 280 Abs. 1

§ 280 Abs. 1 knüpft als Grundtatbestand für den Schadensersatzanspruch bei Vorliegen einer Pflichtverletzung an den Begriff der „Pflichtverletzung" an. In der amtlichen Überschrift heißt es daher: „Schadensersatz wegen Pflichtverletzung".

Aufbauschema: Schadensersatz aus § 280 Abs. 1

1. **Schuldverhältnis**
   - Schuldverhältnis i.S.v. § 311 Abs. 1–3
   - Gesetzliche Schuldverhältnisse, sofern keine Sonderregelung
2. **Pflichtverletzung** des Schuldners
3. **Vertretenmüssen** des Schuldners
   - Vermutet bis zur Exkulpation, § 280 Abs. 1 S. 2
4. **Rechtsfolge: Schadensersatz neben der Leistung**

a) § 280 Abs. 1 gilt zunächst für **rechtsgeschäftliche Schuldverhältnisse**, d.h. ist anwendbar auf alle Verträge, gleich, ob es sich um einseitige oder gegenseitige, entgeltliche oder unentgeltliche handelt. Wie der Regelung des § 311 Abs. 2 und 3 zu entnehmen ist, findet § 280 Abs. 1 jedoch auch bei **rechtsgeschäftsähnlichen** Schuldverhältnissen (z.B. durch Aufnahme von Vertragsverhandlungen oder Vertragsanbahnung) Anwendung. Schließlich erfasst § 280 Abs. 1 auch **gesetzliche** Schuldverhältnisse (z.B. Geschäftsführung ohne Auftrag, §§ 677 ff.), aber nur sofern dort keine Sonderregelungen existieren (z.B. § 678!).

b) Als mögliche **Pflichtverletzung** kommt jede der drei Arten einer Pflichtverletzung in Betracht: die Nichtleistung **(Unmöglichkeit oder Ausbleiben der Leistung)**, die **Schlechtleistung**, wenn das Gewährleistungsrecht auf §§ 280 ff. verweist – so im Kaufrecht, § 437 Nr. 3, und im Werkvertragsrecht, § 634 Nr. 4, oder die **Verletzung von Nebenpflichten**. Allerdings sind je nach Pflichtverletzung ggf. noch die zusätzlichen Voraussetzungen gemäß § 280 Abs. 2, 3 zu prüfen bzw. bei Schlechtleistung das Gewährleistungsrecht (§§ 437 Nr. 3, 634 Nr. 4 etc.).

c) Wie sich aus der Gesetzesfassung des § 280 Abs. 1 S. 2 („Dies gilt nicht, wenn der Schuldner ... nicht zu vertreten hat.") ergibt, wird das **Vertretenmüssen des Schuldners zunächst gesetzlich vermutet**. Das heißt für den Schuldner, dass er beweisen muss, dass er die Pflichtverletzung nicht zu vertreten hat, sog. Exkulpation.

Klausurtipp: *Enthält der Sachverhalt der Klausur keine Angaben dafür, dass sich der Schuldner entlastet hat, ist somit vom Vertretenmüssen des Schuldners auszugehen.* ***Das Schweigen des Sachverhalts geht insoweit also zulasten des beweispflichtigen Schuldners!***

Sofern der Schuldner nach dem Sachverhalt Argumente zur Exkulpation vorbringt, ist dies an den §§ 276–278 zu messen. Was der Schuldner zu vertreten hat, ist in **§§ 276–278** geregelt. Notieren Sie sich diese Normen über „zu vertreten" in § 280 Abs. 1!

aa) Nach **§ 276 Abs. 1 S. 1** hat der Schuldner als **eigenes Verschulden** grundsätzlich Vorsatz und Fahrlässigkeit zu vertreten.

! ***Klausurtipp:*** *Nach § 276 Abs. 1 S. 1 wird grundsätzlich bereits für einfache Fahrlässigkeit, welche in § 276 Abs. 2 legaldefiniert ist, gehaftet. Aus der Formulierung „im Verkehr erforderliche Sorgfalt" folgt, dass kein individueller, sondern ein objektiv-abstrakter Durchschnittsmaßstab zugrunde zu legen ist.*

In bestimmten Fällen sieht das Gesetz jedoch eine Privilegierung für den Schuldner dergestalt vor, dass der Schuldner nicht für jede Fahrlässigkeit haften soll, sondern nur für die eigenübliche Sorgfalt einzustehen hat.

Beispiel: § 690 für den unentgeltlichen Verwahrer.

In diesem Fall gilt abweichend von § 276 kein objektiver, sondern ein subjektiver Maßstab. Der Regelung des **§ 277** ist für diese Fälle jedoch zu entnehmen, dass der Schuldner jedenfalls ab grober Fahrlässigkeit einstehen muss.

bb) Besonders bedeutsam und daher prüfungsrelevant ist die Regelung des **§ 278**, wonach das Verschulden des **gesetzlichen Vertreters** (z.B. Eltern, § 1626) **und des Erfüllungsgehilfen** dem Verschulden des Schuldners gleichsteht!

Beispiel: Werkunternehmer U schließt mit B einen Werkvertrag (§ 631) über Malerarbeiten in der Wohnung des B. U lässt seinen Gesellen G die Arbeiten ausführen. G stößt aus Unachtsamkeit einen Farbeimer um, der sich über den Teppich ergießt.

G könnte **Erfüllungsgehilfe** des U nach § 278 sein. Erfüllungsgehilfe ist, wer mit Wissen und Wollen des Schuldners in dessen Pflichtenkreis tätig wird *(diese Definition müssen Sie beherrschen!)*. U ist aufgrund des *(vertraglichen Schuldverhältnisses)* Werkvertrags Schuldner des B. Hieraus resultiert zum einen die Leistungspflicht (§ 241 Abs. 1), das Werk mangelfrei zu erstellen, § 633 Abs. 1. Zum anderen besteht aber auch die Nebenpflicht nach § 241 Abs. 2, sich so zu verhalten, dass das Eigentum des B, mit dem er bei Abwicklung des Werkvertrags in Berührung kommt, nicht verletzt wird. Anstatt selbst die Malerarbeiten auszuführen, hat jedoch der U den G eingeschaltet. G ist also hinsichtlich der vorgenannten Pflichten Erfüllungsgehilfe des U. Somit muss sich U gemäß § 278 das Verschulden des G (§ 276 Abs. 2) wie eigenes Verschulden zurechnen lassen. U haftet daher nach § 280 Abs. 1 auf Schadensersatz.

Erfüllungsgehilfe:
Wer mit Wissen und Wollen des Schuldners in dessen Pflichtenkreis tätig ist.

Klausurtipps:

!

- *§ 278 ist eine Zurechnungsnorm, keine Anspruchsgrundlage!*
- *§ 278 setzt ein bestehendes Schuldverhältnis voraus (vgl. Wortlaut: „Der Schuldner ...").*
- *Daher kann man z.B. im Rahmen der Prüfung des **§ 823 Abs. 1 keinesfalls § 278** beim Prüfungspunkt Verschulden in Ansatz bringen. Denn erst – durch die – schuldhafte unerlaubte Handlung wird ein Schuldverhältnis i.S.v. § 823 Abs. 1 begründet. § 278 kann aber nicht schon zur Begründung dieses Schuldverhältnisses eingesetzt werden. Deswegen gibt es im Deliktsrecht aber den § 831, der nicht nur Zurechnungsnorm, sondern eigenständige Anspruchsgrundlage ist (lesen!).*

2. Schadensersatz „neben der Leistung" und „statt der Leistung"

Zum Auffinden der richtigen Anspruchsgrundlage für den Schadensersatz wegen einer Pflichtverletzung gemäß §§ 280 ff. ist stets zunächst die Frage zu klären, ob der Gläubiger „Schadensersatz neben der Leistung" oder „Schadensersatz statt der Leistung" begehrt.

Lesen Sie § 280 Abs. 1 und §§ 280 Abs. 1, Abs. 2, 286 einerseits sowie die §§ 280 Abs. 1, Abs. 3, 281, 282, 283 andererseits!

In § 280 Abs. 3 ist bestimmt, dass „Schadensersatz statt der Leistung" nur unter den zusätzlichen Voraussetzungen der §§ 281–283 verlangt werden kann. **„Schadensersatz statt der Leistung"** bedeutet, dass der Schadensersatz **an die Stelle der an sich geschuldeten Leistung** treten soll (alternativ). Dagegen kann im Fall des **„Schadensersatzes neben der Leistung"** dieser **neben der an sich geschuldeten Leistung** verlangt werden (kumulativ). Für den Schadensersatz neben der Leistung ist grundsätzlich § 280 Abs. 1 die alleinige Anspruchsgrundlage. In dem speziellen Fall der Geltendmachung von Verzögerungsschäden sind aber noch zusätzlich über § 280 Abs. 2 die Voraussetzungen des § 286 (d.h. des Schuldnerverzugs!) zu prüfen.

Danach ist wie folgt zu unterscheiden:

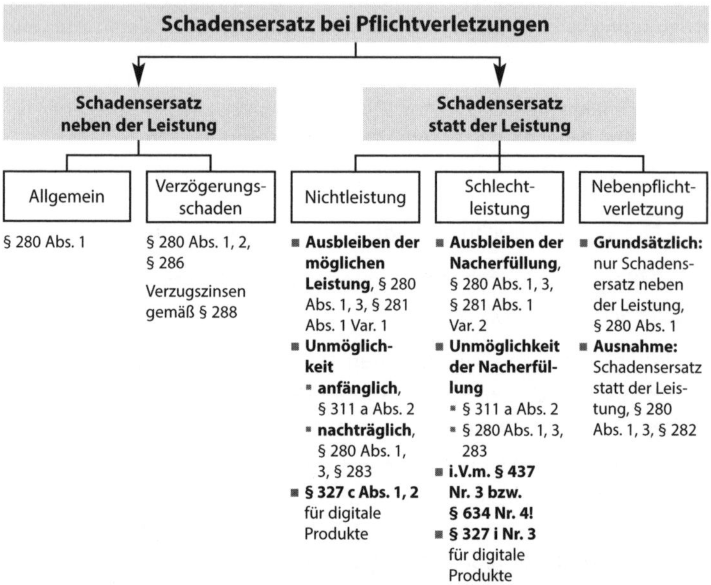

a) Schadensersatz „neben der Leistung"

- Begehrt der Gläubiger Schadensersatz neben der Leistung, so ist grundsätzlich nur **§ 280 Abs. 1** zu prüfen.
- Verlangt der Gläubiger als Schadensersatz neben der verspäteten Leistung einen **Verzögerungsschaden** (= der Schaden, der als Folge der verspäteten Leistung eingetreten ist), sind über **§ 280 Abs. 2 zusätzlich die Verzugsvoraussetzungen gemäß § 286** zu prüfen.

! ***Wichtig:*** *Die Anspruchsgrundlage Ersatz der Verzögerungsschäden lautet dann §§ 280 Abs. 1, Abs. 2, 286.*

b) Schadensersatz „statt der Leistung"

Beim Schadensersatz statt der Leistung tritt der Schadensersatz nicht neben, sondern an die Stelle der ursprünglich geschuldeten Leistung. Schadensersatz statt der Leistung ist der Schaden, der sich **aus dem endgültigen Ausbleiben der Leistung** ergibt. Er umfasst somit **alle Schäden, die vermieden worden wären, wenn der Schuldner im spätest möglichen Zeitpunkt noch erfüllt** bzw. im Falle der Schlechtleistung noch nacherfüllt hätte (Einzelheiten hierzu sind streitig!).

Anspruchsgrundlage ist § 280 Abs. 1; allerdings sind über § 280 Abs. 3 zusätzlich die Voraussetzungen des § 281 oder § 283 zu berücksichtigen. Auf welche der genannten Normen zusätzlich abzustellen ist, hängt von der Art der im Fall einschlägigen Pflichtverletzung ab, weswegen § 280 Abs. 3 hierauf alternativ verweist.

Klausurtipp: *Zu beachten ist, dass **§ 311 a Abs. 2 S. 1 für den besonderen Fall der anfänglichen Unmöglichkeit eine eigenständige Anspruchsgrundlage für den Schadensersatz statt der Leistung** regelt, sodass insoweit nicht auf §§ 280, 283 abzustellen ist! Vermerken Sie sich daher § 311 a Abs. 2 neben § 283!* !

- **Ausbleiben: §§ 280 Abs. 1, Abs. 3, 281 Abs. 1 S. 1 Var. 1**
  Das Ausbleiben der (möglichen) Leistung ist zwar eine punktuelle Nichtleistung. Da die Leistung aber noch nachholbar ist, genügt für Schadensersatz statt der Leistung allein die nicht pünktliche Leistung nicht. Als zusätzliche Voraussetzung hat der Gläubiger dem Schuldner gemäß § 281 Abs. 1 eine angemessene Frist zur Leistung zu setzen. Erst nach Ablauf dieser Frist kann der Gläubiger Schadensersatz statt der Leistung verlangen. Diese Fristsetzung ist ein wesentliches Strukturmerkmal des Schuldrechts. Damit soll der **Vorrang des Erfüllungsanspruchs** gesichert werden, das sog. **Recht zum zweiten Andienen**: Der Schuldner soll noch eine letzte Chance bekommen, die bislang ausgebliebene Leistung nachzuholen. Nur in den Ausnahmefällen des § 281 Abs. 2 ist eine Fristsetzung entbehrlich.

- **Unmöglichkeit:**
  Leistet der Schuldner nicht, weil er nicht kann, so liegt hingegen Unmöglichkeit der Leistung i.S.v. § 275 vor.

  Im Fall der **nachträglichen Unmöglichkeit** sind für den Schadensersatz statt der Leistung die **§§ 280 Abs. 1, Abs. 3, 283** maßgebend. Die Fristsetzung zur Leistung ist hier in § 283 nicht vorgesehen, da bei unmöglicher Leistung eine solche Fristsetzung sinnlos wäre.

Für die **anfängliche Unmöglichkeit** regelt **§ 311 a Abs. 2** als lex specialis den Schadensersatz statt der Leistung.

- **Schlechtleistung: §§ 280 Abs. 1, Abs. 3, 281 Abs. 1 S. 1 Var. 2**
Die Schlechtleistung wird in § 281 Abs. 1 S. 1 Var. 2 mit „Leistung ... nicht wie geschuldet erbringt" umschrieben. Jedoch muss aus dem Gewährleistungsrecht noch § 437 Nr. 3 bzw. § 634 Nr. 4 hinzugenommen werden. Auch hier soll die grundsätzlich erforderliche Fristsetzung zur Nacherfüllung der Leistung den Vorrang des Erfüllungsanspruchs sichern. Denn die Nacherfüllung hat im Gewährleistungsrecht ebenfalls Vorrang, § 437 Nr. 1 bzw. § 634 Nr. 1. Auch hier wird über die Fristsetzung das Recht des Schuldners zur zweiten Andienung abgesichert. Ausnahmsweise ist die Fristsetzung entbehrlich gemäß § 281 Abs. 2 bzw. § 440, § 636.

! ***Wichtig:*** *Voraussetzung für die Anwendung des § 281 Abs. 1 S. 1 Var. 2 ist somit, dass die Nacherfüllung, also die Mangelbeseitigung i.S.v. § 439 bzw. § 635 möglich ist! Anderenfalls gelten über §§ 437 Nr. 3, 634 Nr. 4 wieder § 283 bzw § 311 a Abs. 2.*

! *Für Verbraucherverträge über digitale Produkte i.S.v. § 327, die Mängel i.S.v. § 327 e aufweisen, ist die Gewährleistung in §§ 327 i ff. geregelt! Schadensersatz ist in § 327 i Nr. 3 normiert.*

- **Nebenpflichtverletzung, §§ 280 Abs. 1, Abs. 3, 282:**
Bei einer bloßen Nebenpflichtverletzung i.S.v. § 241 Abs. 2 ist der daraus resultierende Schaden grundsätzlich nur neben der Leistung zu ersetzen, § 280 Abs. 1. Denn bzgl. der eigentlich geschuldeten Leistung besteht ja keine Leistungsstörung.
Ein Schadensersatzanspruch statt der Leistung kommt nur ausnahmsweise in Betracht, wenn dem Gläubiger wegen einer ganz gravierenden Nebenpflichtverletzung eine Leistung des Schuldners nicht mehr zugemutet werden kann, § 282.

II. Rücktritt

1. Gesetzliches Rücktrittsrecht bei Pflichtverletzung des Schuldners

Liegt bei einem gegenseitigen Vertrag eine Pflichtverletzung (in einer der oben bezeichneten drei Arten!) durch den Schuldner vor, hat der Gläubiger ein **gesetzliches Rücktrittsrecht**.

Gesetzliches Rücktrittsrecht bei Pflichtverletzung

Nichtleistung	Schlechtleistung	Nebenpflichtverletzung
▪ **Ausbleiben**, § 323 Abs. 1 Var. 1 ▪ **Unmöglichkeit**, § 326 Abs. 5 ▪ **§ 327 c Abs. 1** bei Verbraucherverträgen über digitale Produkte	▪ **Ausbleiben der Nacherfüllung**, § 323 Abs. 1 Var. 2 ▪ **Unmöglichkeit der Nacherfüllung**, § 326 Abs. 5 ▪ **i.V.m. § 437 Nr. 2; § 634 Nr. 3** ▪ **§ 327 i Nr. 2** „Beenden" bei Verbraucherverträgen über digitale Produkte	▪ **Grundsätzlich:** kein Rücktrittsrecht ▪ **Ausnahme:** § 324

Die **gesetzlichen Rücktrittsgründe** bei einer Pflichtverletzung sind praktisch hintereinander **in den §§ 323 Abs. 1 Var. 1, 323 Abs. 1 Var. 2, 324 und 326 Abs. 5 geregelt**.

!

Hinweis: *Im **Kaufrecht** wird für den Fall der **Schlechtleistung** (Lieferung einer mangelhaften Sache) auf die Regelung des § 323 Abs. 1 Var. 2 und § 326 Abs. 5 verwiesen, vgl. **§ 437 Nr. 2!** Gleiches gilt für den Parallelfall (Herstellung eines mangelhaften Werks) im **Werkvertragsrecht**, vgl. **§ 634 Nr. 3!***

Zu beachten ist, dass die Regelung der gesetzlichen Rücktrittsgründe der §§ 323 ff. nahezu parallel zu der Regelung des Schadensersatzes statt der Leistung in den §§ 281 ff. aufgebaut ist – bis auf das Vertreten.

Lesen Sie § 323 Abs. 1 – § 324 – § 326 Abs. 5! Ordnen Sie diese Normen den drei Arten der Pflichtverletzung zu und geben Sie die Parallelnorm für den Schadensersatz statt der Leistung an!

- **Nichtleistung:**
  - **Ausbleiben: § 323 Abs. 1 Var. 1** („Leistung nicht ... erbringt")
    = Parallelnorm für den Schadensersatz statt der Leistung: § 281 Abs. 1 S. 1 Var. 1
  - **Unmöglichkeit: § 326 Abs. 5** (für anfängliche und nachträgliche Unmöglichkeit!)
    = Parallelnormen für den Schadensersatz statt der Leistung: § 283 (nachträgliche Unmöglichkeit) und § 311 a Abs. 2 (anfängliche Unmöglichkeit)

- **Schlechtleistung**
  - **§ 323 Abs. 1 Var. 2** („Leistung ... nicht wie geschuldet erbringt" = Parallelnorm für den Schadensersatz statt der Leistung: § 281 Abs. 1 S. 1 Var. 2
  - **§ 326 Abs. 5** i.V.m. § 437 Nr. 2 Var. 1 bzw. § 634 Nr. 3 Var. 1, falls Nacherfüllung unmöglich
    = Parallelnorm für Schadensersatz statt der Leistung, § 283, bzw. bei anfänglicher Unmöglichkeit, § 311 a Abs. 2.

! *Für Verbraucherverträge übe die Bestellung digitaler Produkte i.S.v. § 327, die Mängel i.S.v. § 327 e aufweisen, ist die Gewährleistung in §§ 327 i ff. geregelt. Die Beendigung des Vertrags ist in § 327 i Nr. 2 Var. 1, § 327 m normiert.*

- **Nebenpflichtverletzung: § 324**
  = Parallelnorm für den Schadensersatz statt der Leistung: § 282.

2. Gesamtüberblick zu den Rechten des Gläubigers

Gläubigerrechte bei Pflichtverletzung des Schuldners

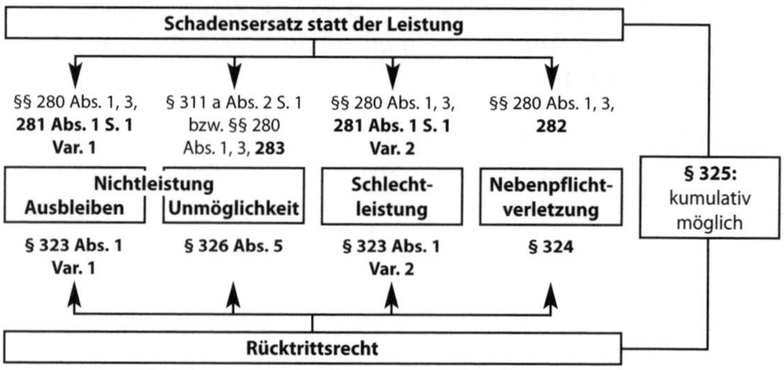

! ***Wichtig:** Rücktritt und Schadensersatz schließen sich nicht aus, **§ 325**. Der Gläubiger kann Schadensersatz **und** Rücktritt begehren.*

Zum Repetieren der im 1. Teil erarbeiteten Systematik nachfolgendes **Beispiel:** M mietet bei V einen gebrauchten Audi TT. Am 10.06. ist er zur Rückgabe verpflichtet. An diesem Tag verursacht M fahrlässig einen Unfall. Der Wagen wird dabei völlig zerstört. V verlangt von M Schadensersatz. Zu Recht? Welche gedanklichen Schritte sind unter Berücksichtigung des bisher Erarbeiteten für den Lösungsweg zu durchlaufen?

Welche Schuldverhältnisse bestehen? (Vgl. S. 6 f.!)
M und V haben einen Mietvertrag abgeschlossen, § 535. Es besteht somit ein vertragliches Schuldverhältnis.
Daneben ist ein gesetzliches Schuldverhältnis nach § 823 Abs. 1 gegeben; denn das Eigentum des V wurde durch M zerstört.

Welche vertragliche Pflicht hat M verletzt? (Vgl. dazu S. 7 ff.!)
M hat die Pflicht zur Rückgabe der Mietsache nach § 546 Abs. 1 verletzt. Die Rückgabe ist ihm wegen der Zerstörung des Audi TT unmöglich, § 275 Abs. 1. M hat somit seine Pflicht zur Rückgabe der Mietsache verletzt wegen des nachträglichen Leistungshindernisses nach § 275 Abs. 1.

Welche Frage müssen Sie sich bei einem Schadensersatzanspruch wegen einer Pflichtverletzung immer stellen? (Vgl. dazu S. 12 ff.!)
Die Anspruchsgrundlage richtet sich nach dem Begehren des Gläubigers V. Es ist zu fragen, ob V Schadensersatz neben oder statt der Leistung verlangt.

Ermitteln Sie die Anspruchsgrundlage! (Vgl. dazu S. 2 ff.!)
Bzgl. der vertraglichen Anspruchsgrundlage: Der Schadensersatz soll an die Stelle der unmöglichen Rückgabe treten. Also begehrt V Schadensersatz statt der Leistung. (Bei Unmöglichkeit der Leistung ist Schadensersatz neben der Leistung nicht denkbar.) Die Pflichtverletzung wird durch die nachträgliche Unmöglichkeit der Rückgabeverpflichtung begründet. Da in §§ 546 ff. keine spezielle Anspruchsgrundlage auf Schadensersatz wegen Unmöglichkeit der Rückgabe der Mietsache geregelt ist (Schuldrecht BT vor Schuldrecht AT!), richtet sich hier der Schadensersatzanspruch statt der Leistung nach §§ 280 Abs. 1, Abs. 3, 283. Hingegen ist § 311 a Abs. 2 mangels anfänglicher Unmöglichkeit nicht einschlägig.

Daneben ist auch ein gesetzlicher Schadensersatzanspruch aus § 823 Abs. 1 gegeben, da M rechtswidrig und schuldhaft das Eigentum des V am Audi TT verletzt hat.

Ergebnis: Es ergibt sich ein Schadensersatzanspruch des V gegen M aus §§ 280 Abs. 1, Abs. 3, 283 und § 823 Abs. 1.

1. Welche drei Arten von Schuldverhältnissen gibt es?

1. Es gibt vertraglich begründete Schuldverhältnisse, § 311 Abs. 1. Ferner die rechtsgeschäftsähnlichen, insbesondere das vorvertragliche Schuldverhältnis i.S.v. § 311 Abs. 2 sowie das besondere Schuldverhältnis i.S.v. § 311 Abs. 3 zu Stellvertretern, Vermittlern und ähnlichen Personen. Des Weiteren gibt es die gesetzlichen Schuldverhältnisse (GoA, ungerechtfertigte Bereicherung, Deliktsrecht).

2. Welche Arten von Leistungspflichten gibt es?

2. Es gibt Hauptleistungspflichten, sog. primäre Leistungspflichten. Diese finden sich im Schuldrecht BT im ersten Paragraphen der jeweiligen Vertragsart (§ 433, § 535, § 611, § 631). Beim gegenseitigen Vertrag stehen diese Pflichten in einem Gegenseitigkeitsverhältnis, dem sog. Synallagma. Ferner gibt es die Nebenleistungspflichten, welche lediglich der Vorbereitung, Durchführung und Sicherung der Hauptleistung dienen, wie z.B. Verpackung der Ware.

3. Welche Arten von Nebenpflichten gibt es und worin liegt der Unterschied zu den Leistungspflichten?

3. Nebenpflichten i.S.v. § 241 Abs. 2 sind bloße Schutzpflichten, Aufklärungs- Offenbarungs-, Hinweispflichten sowie Treuepflichten, § 242 BGB. Der Unterschied zu den Leistungspflichten besteht darin, dass die Erfüllung der Nebenpflichten nicht einklagbar ist. Bei Verletzung von Nebenpflichten ergibt sich lediglich ein Schadensersatzanspruch aus § 280 Abs. 1 BGB bzw. bei gravierender Nebenpflichtverletzung u.U. aus § 280 Abs. 1, Abs. 3 i.V.m. § 282.

4. Was sind Obliegenheiten?

4. Obliegenheiten sind lediglich Gebote, deren Einhaltung im eigenen Interesse liegt. Im Unterschied zu Pflichten besteht weder ein Anspruch auf Erfüllung der Obliegenheit, noch besteht bei deren Verletzung ein Schadensersatzanspruch, sondern es drohen nur indirekte Nachteile.

5. Wann hat der Schuldner eine Pflichtverletzung zu vertreten?

5. Der Schuldner hat zunächst eigenes Verschulden zu vertreten, § 276. Ferner muss er sich das Verschulden seines gesetzlichen Vertreters oder seines Erfüllungsgehilfen gemäß § 278 zurechnen lassen.

2. Teil: Grundwissen im Schuldrecht

Wir stellen nunmehr die grundlegenden klausurrelevanten Probleme des Schuldrechts nach der im 2. Abschnitt des 1. Teils erarbeiteten Unterscheidung – rechtsgeschäftliche, rechtsgeschäftsähnliche, gesetzliche Ansprüche – vor und erarbeiten uns hierbei das Grundwissen in diesen klausurwichtigen Themenbereichen. Beachten Sie nochmals, dass dieser Aufbau zugleich der grundlegenden Prüfungsfolge bei der Prüfung von Ansprüchen entspricht – vgl. Übersicht S. 3 –, weshalb Sie sich diese Abfolge unbedingt aneignen müssen!

1. Abschnitt: Begründung von Schuldverhältnissen

A. Rechtsgeschäftliche Schuldverhältnisse

I. Vertragliche Schuldverhältnisse

§ 311 Abs. 1 stellt klar, dass rechtsgeschäftliche Schuldverhältnisse grundsätzlich durch **Vertrag** zustande kommen. Hier gelten die allgemeinen – bereits im AS-Basiswissen BGB AT – dargestellten Grundsätze:

- Zustandekommen durch **Angebot und Annahme, §§ 145 ff.**
  - Vollständige Willensübereinstimmung, anderenfalls liegt Dissens vor, §§ 154, 155
  - Persönliche Abgabe der Willenserklärung oder durch Stellvertreter, § 164 Abs. 1
- oder durch **gemeinsames Formulieren** des Vertrags
- oder durch **Schweigen auf ein kaufmännisches Bestätigungsschreiben**

II. Vertrag zugunsten Dritter, § 328

1. Die Rechtsbeziehungen im Vertrag zugunsten Dritter

Beim (echten) Vertrag zugunsten Dritter erhält ein Dritter gemäß § 328 Abs. 1 durch den schuldrechtlichen Verpflichtungsvertrag zwischen Gläubiger und Schuldner einen eigenen Anspruch auf die Leistung des Schuldners.

Vertrag zugunsten Dritter

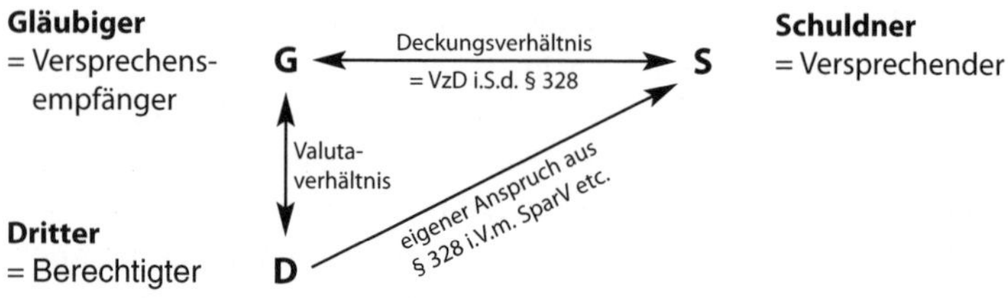

2. Voraussetzungen

Für einen eigenen Leistungsanspruch des Dritten bedarf es gemäß § 328 Abs. 1 eines **gegenseitigen Vertrags** zwischen Gläubiger (Versprechensempfänger) und Schuldner (Versprechender), der eine **Berechtigung des Dritten**, die Leistung zu fordern enthält. Wenn eine ausdrückliche Vereinbarung zu der Berechtigung fehlt, sind die Umstände, insbesondere der Zweck des Vertrags, nach § 328 Abs. 2 maßgebend. Dabei ist der Parteiwille im Wege der Vertragsauslegung zu ermitteln.

Beispiel: Opa schließt mit der Bank einen Sparvertrag und gibt als „Auszahlungsberechtigten" das Enkelkind an.

3. Rechtsfolge: der Dritte erwirbt einen Anspruch gegen den Schuldner

Zu beachten ist, dass § 328 keine eigenständige Anspruchsgrundlage ist. Vielmehr muss die eigentliche Anspruchsgrundlage aus dem Deckungsverhältnis Gläubiger–Schuldner (dies heißt so, weil es die Leistung des Schuldners an den Dritten deckt) hinzugenommen werden, z.B. § 328 i.V.m. Sparvertrag, falls Opa einen Sparvertrag für sein Enkelkind als Drittbegünstigten abschlossen hat.

4. Bei Pflichtverletzungen des Schuldners gilt:

Der Dritte rückt zwar nicht in die Stellung einer Vertragspartei ein. Trotzdem stehen ihm die Ansprüche „statt der Leistung" (§§ 280 Abs. 1 u. 3, 281–283, 311 a Abs. 2) zu, nicht jedoch Gestaltungsrechte, wie z.B. Rücktritt wegen Nichtleistung gemäß § 323, da er nicht den für ihn fremden Vertrag zerstören kann.

III. Vertrag mit Schutzwirkung zugunsten Dritter (VSD)

1. Die Rechtsbeziehungen

Beim Vertrag mit Schutzwirkung zugunsten Dritter (VSD) steht der **Anspruch auf die geschuldete Leistung allein** dem **Gläubiger** zu. Der **Dritte** ist jedoch in der Weise in die **vertraglichen Sorgfalts- und Obhutspflichten** einbezogen, dass er bei deren Verletzung **vertragliche Schadensersatzansprüche geltend machen** kann.

Vertrag mit Schutzwirkung zugunsten Dritter (VSD)

2. Voraussetzungen

Die Voraussetzungen sind nicht im BGB normiert. Es handelt sich beim Vertrag mit Schutzwirkung zugunsten Dritter um ein gewohnheitsrechtliches Institut.

a) Leistungsnähe: Der Dritte muss mit der Leistung des Schuldners bestimmungsgemäß in gleicher Weise in Kontakt kommen wie der Gläubiger.

b) Schutzinteresse: Der Gläubiger muss ein Interesse an der Einbeziehung des Dritten in den Schutzbereich des Vertrags haben.

Wie intensiv das Schutzinteresse sein muss, ist umstritten:

- **Ältere Ansicht:** Schutzbedürftigkeit ist nur dann zu bejahen, wenn der Gläubiger gegenüber dem Dritten eine Schutz- und Fürsorgepflicht mit personenrechtlichem Einschlag hat (**„Wohl und Wehe"**-Verhältnis), z.B. familiäre Beziehung oder Arbeitsverhältnis.
- **Heute ganz h.M.:** Es ist nach allgemeinen Auslegungsgrundsätzen zu ermitteln, ob die Vertragsparteien den Willen hatten, zugunsten eines Dritten eine Schutzpflicht zu begründen; jedes vertragliche Einbeziehungsinteresse ist hierfür ausreichend.

c) **Erkennbarkeit:** Die Einbeziehung des Dritten in den Schutzbereich des Vertrags (also Leistungsnähe und Schutzinteresse) muss für den Schuldner bereits bei Vertragsschluss erkennbar sein.

d) **Schutzbedürftigkeit des Dritten:** Der Dritte darf keine eigenen **vertraglichen** Ansprüche gegen den Schuldner oder Gläubiger haben, die denselben oder zumindest einen gleichwertigen Inhalt haben. Unerheblich ist, ob der Dritte gesetzliche Ansprüche (z.B. aus § 823) hat.

3. Rechtsfolgen für den Dritten

Aufgrund der Einbeziehung des Dritten in den Schutzbereich des Vertrags zwischen Gläubiger und Schuldner erwirbt der Dritte das Recht, bei einer Pflichtverletzung des Schuldners einen **eigenen Schadensersatzanspruch** (z.B. aus §§ 280 Abs. 1, 241 Abs. 2) gegen den Schuldner geltend zu machen.

Beispiel: Eheleute E schließen mit V einen Mietvertrag. Der Vermieter weiß, dass in die Wohnung die 16-jährige Tochter T mit einziehen wird. Diese erhält bei Einzug einen Stromschlag, weil der Vermieter ein Kabel nicht ausreichend isoliert hatte. Da der Mietvertrag E–V Schutzwirkung zugunsten der T hat, kann T dann aus § 280 Abs. 1 Schadensersatz gegen den Vermieter geltend machen (und daneben aus § 823).

B. Rechtsgeschäftsähnliche Schuldverhältnisse

I. Vorvertragliche Schuldverhältnisse, § 311 Abs. 2

1. § 311 Abs. 2 Nr. 1: Aufnahme von Vertragsverhandlungen

Die Aufnahme von Vertragsverhandlungen setzt eine Kommunikation zwischen den Parteien voraus. Das vorvertragliche Schuldverhältnis entsteht durch den Beginn der Vertragsverhandlungen und dauert bis zur Beendigung der Verhandlungen bzw. bis zum Vertragsschluss.

2. § 311 Abs. 2 Nr. 2: Vertragsanbahnung

Erfasst sind die Fälle der Anbahnung des Vertrags, bei denen – anders als bei Nr. 1 – bloße räumliche Nähebeziehungen ausreichen („Möglichkeit zur Einwirkung"), konkrete Verhandlungen müssen noch nicht geführt worden sein.

Zu beachten ist aber, dass eine „Vertragsanbahnung" voraussetzt, dass auch ein Vertragsschluss ins Auge gefasst wurde. Nicht ausreichend ist dagegen das Betreten von Geschäftsräumen zu geschäftsfremden Zwecken, wie z.B. zum Aufwärmen an kalten Tagen.

Beispiele:

„Linoleumrollen-" und „Gemüseblatt-Fall"

Der Kunde K **mit fester Kaufabsicht** wird im Kaufhaus vor Aufnahme von Vertragsverhandlungen mit dem Verkäufer von einer umstürzenden Linoleumrolle erfasst oder rutscht dort auf einem Gemüseblatt aus und verletzt sich. K hat, wenn sich der Kaufhausinhaber nicht exkulpieren kann, einen Schadensersatzanspruch nach §§ 280 Abs. 1, 311 Abs. 2, 241 Abs. 2.

Anders würde es sich verhalten, wenn K **nur deshalb** das Kaufhaus betreten hat, **um sich vor Regen zu schützen.** In diesem Fall kann er bei einer Schädigung keinen Anspruch aus §§ 280 Abs. 1, 311 Abs. 2, 241 Abs. 2 geltend machen (sondern nur aus § 823).

Zur Vertiefung: In den „Linoleumrollen- und Gemüseblattfällen" besteht in der Regel bereits gegenüber dem fahrlässig handelnden Kaufhausangestellten ein gesetzlicher Anspruch nach § 823 Abs. 1. Warum kann es für den Geschädigten dennoch wichtig sein, auch auf einen rechtsgeschäftsähnlichen Anspruch nach §§ 280 Abs. 1, 311 Abs. 2, 241 Abs. 2 zurückgreifen zu können?

I. Der Anspruch nach §§ 280 Abs. 1, 311 Abs. 2, 241 Abs. 2 richtet sich gegen den Kaufhausinhaber, der für das Fehlverhalten seines Angestellten (Erfüllungsgehilfe) nach § 278 einzustehen hat. Der Angestellte kann möglicherweise die Schäden selbst nicht begleichen, der Kaufhausinhaber ist in der Regel ein besserer, da solventerer Anspruchsgegner.
II. Der Kaufhausinhaber haftet im Übrigen meist nicht nach §§ 823 ff.:
Der Anspruch aus § 823 Abs. 1 scheidet in der Regel aus, da ein eigenes Organisationsverschulden des Kaufhausinhabers meist nicht vorliegt. § 278 setzt ein bestehendes Schuldverhältnis voraus und ist bei der Haftungsbegründung des § 823 Abs. 1 nicht in Ansatz zu bringen.
§ 831 ist nicht einschlägig, wenn sich der Kaufhausinhaber nach § 831 Abs. 1 S. 2 exkulpieren kann.

3. § 311 Abs. 2 Nr. 3: Ähnliche geschäftliche Kontakte

Die Nr. 3 hebt generalklauselartig auf die Fallgruppe der ähnlichen geschäftlichen Kontakte ab. Hiermit sind Fälle gemeint, in denen sich z.B. noch kein Vertrag angebahnt hat, aber ein solcher vorbereitet werden soll.

! ***Klausurtipp:*** *Eine genaue Abgrenzung der drei Nummern in § 311 Abs. 2 ist oft nicht möglich und auch nicht erforderlich. Zentraler Haftungsgrund ist die Inanspruchnahme und die Gewährung von Vertrauen zwischen möglichen Vertragspartnern (nicht zu Dritten, da hierfür als Sonderregelung § 311 Abs. 3 gilt!).*

II. Besonderes Schuldverhältnis zu Dritten, die nicht Vertragspartei werden sollen, §§ 311 Abs. 3, 241 Abs. 2

Nach **§ 311 Abs. 3 S. 1** kann ein **rechtsgeschäftsähnliches Schuldverhältnis mit Pflichten nach § 241 Abs. 2** auch zu Personen entstehen, die nicht selbst Vertragspartei werden sollen.

Haftung des Dritten

Mit der Regelung des § 311 Abs. 3 sind vor allem die Fälle der **Haftung eines Dritten** gemeint, der zwar an der Vertragsanbahnung beteiligt war, aber nicht Partner des beabsichtigten Vertrags werden sollte. Der Dritte, der eine Nebenpflicht i.S.d. § 241 Abs. 2 aus dem rechtsgeschäftsähnlichen Schuldverhältnis nach § 311 Abs. 3 verletzt, **haftet auf Schadensersatz nach §§ 280 Abs. 1, 311 Abs. 3, 241 Abs. 2.**

1. Inanspruchnahme besonderen persönlichen Vertrauens durch den Dritten

§ 311 Abs. 3 S. 2 nennt als **nicht abschließendes** Beispiel („insbesondere"): Ein Dritter, der selbst nicht Vertragspartei werden soll, nimmt z.B. als Stellvertreter oder Vermittler **in besonderem Maße Vertrauen für sich in Anspruch** und beeinflusst dadurch erheblich die Vertragsverhandlungen oder den Vertragsschluss (sog. „Sachwalterhaftung"). Dies kann z.B. dadurch geschehen, dass der Dritte auf die eigene außergewöhnliche Sachkunde, seine persönliche Zuverlässigkeit und die eigene Einflussmöglichkeit auf die Vertragsabwicklung hinweist.

Beispiel: Ein Gebrauchtwagenhändler tritt nur als Vermittler des Vorbesitzers des Pkw auf („im Kundenauftrag") und preist das Auto – unter Betonung seiner besonderen Sachkunde – als „scheckheftgepflegt und unfallfrei" an.

2. Eigenes wirtschaftliches Interesse des Dritten

Eine weitere Fallgruppe, die zwar nicht in das Gesetz übernommen wurde, aber unter die (nicht abschließende) Regelung des **§ 311 Abs. 3 S. 1** subsumiert werden kann, ist folgende:

Ein Stellvertreter hat ein **eigenes wirtschaftliches Interesse** am Vertragsschluss, sodass bei wirtschaftlicher Betrachtungsweise in Wahrheit er der Vertragspartner ist. Ein bloß mittelbares wirtschaftliches Interesse des Vertreters am Abschluss des Vertrags – etwa das Provisionsinteresse des Handelsvertreters oder das Interesse, das jeder Gesellschafter an den Geschäften „seiner" Gesellschaft hat – reicht allerdings nicht aus. Er muss vielmehr eine so enge

Beziehung zum Gegenstand der Vertragsverhandlungen haben, dass er wirtschaftlich praktisch in eigener Sache beteiligt ist („Quasipartner"; Einzelheiten streitig!).

3. Sonstige Dritte

Vom Wortlaut des § 311 Abs. 3 S. 1 („ ... Schuldverhältnis ... zu Personen ... , die nicht selbst Vertragspartei werden sollen") könnten neben dem vorstehend dargestellten Fällen der Haftung eines Dritten aus dem rechtsgeschäftsähnlichen Schuldverhältnis **auch die Fälle der Berechtigung eines Dritten** aus einem solchen Schuldverhältnis erfasst sein.

Umstritten ist daher, ob die Regelung des § 311 Abs. 3 S. 1 auch eine **gesetzliche Grundlage für das Rechtsinstitut des Vertrags mit Schutzwirkung für Dritte** bildet oder dieses ein eigenständiges Institut bleibt.

Der Streit hat aber keine praktische Bedeutung, da jedenfalls in § 311 Abs. 3 die Voraussetzungen nicht aufgenommen wurden. Daher müssen nach wie vor die gewohnheitsrechtlich entwickelten Voraussetzungen des Vertrags mit Schutzwirkung zugunsten Dritter herangezogen werden (s.o. S. 25 ff.).

C. Rechtsfolgen bei Pflichtverletzungen

I. Keine Leistungspflichten

Eine **Verletzung von Leistungspflichten** wird nur **bei den vertraglichen Schuldverhältnissen** i.S.v. **§ 311 Abs. 1** relevant, da nur hier Leistungspflichten bestehen können. Bei den rechtsgeschäftsähnlichen Schuldverhältnissen i.S.v. § 311 Abs. 2, Abs. 3 werden jedoch zwischen den Beteiligten keine Leistungspflichten begründet.

II. Nebenpflichtverletzungen bei rechtsgeschäftsähnlichen Schuldverhältnissen i.S.v. § 311 Abs. 2, Abs. 3

1. Bei den **vorvertraglichen Schuldverhältnissen i.S.v. § 311 Abs. 2** bestehen zwar noch keine Leistungspflichten i.S.d. § 241 Abs. 1, **aber Nebenpflichten nach § 241 Abs. 2**. Diese sind insbesondere:

- Schutzpflichten
- Aufklärungspflichten bzgl. wesentlicher Umstände
- die Pflicht, Schäden infolge des unberechtigten Abbruchs von Vertragsverhandlungen zu vermeiden

Zur Vertiefung: Welche Ansprüche hat der Gläubiger bei Verletzung einer solchen Pflicht aus § 241 Abs. 2 aus einem rechtsgeschäftsähnlichen Schuldverhältnis i.S.d. § 311 Abs. 2?

Schadensersatzanspruch aus §§ 280 Abs. 1, 311 Abs. 2, 241 Abs. 2

I. In diesem Fall ist ein Schadensersatzanspruch aus **§ 280 Abs. 1** zu prüfen:
- § 280 Abs. 1 ist hierbei die Anspruchsgrundlage.
- § 311 Abs. 2 ist eine Hilfsnorm, die beim Tatbestandsmerkmal „Schuldverhältnis" in § 280 Abs. 1 anzusetzen ist.
- § 241 Abs. 2 ist eine Hilfsnorm, die beim Tatbestandsmerkmal „Pflichtverletzung" in § 280 Abs. 1 anzusprechen ist.

II. Schadensersatz statt der Leistung (§ 280 Abs. 1, Abs. 3) kann hingegen nicht verlangt werden, da im vorvertraglichen Bereich des § 311 Abs. 2 noch keine Leistungspflichten i.S.d. § 241 Abs. 1 bestehen.

III. Ein Rücktrittsrecht (§§ 323, 324, 326 Abs. 5) mit der Folge von Rückgewähransprüchen nach §§ 346 ff. kommt nicht in Betracht. Die §§ 323 ff. setzen einen „gegenseitigen Vertrag" voraus (nachlesen!) und sind daher enger als § 280, der von einem „Schuldverhältnis" spricht. Zurücktreten kann man eben nur von einem Vertrag (der im vorvertraglichen Bereich gerade noch nicht vorliegt).

2. Bei den **besonderen Schuldverhältnissen i.S.v. § 311 Abs. 3 sowie bei dem Vertrag mit Schutzwirkung zugunsten Dritter** gelten die vorgenannten Grundsätze entsprechend.

Check zum 1. Abschnitt

1. Was ist der Unterschied zwischen einem Vertrag zugunsten Dritter und einem Vertrag mit Schutzwirkung zugunsten Dritter?

1. Der Vertrag zugunsten Dritter begründet gemäß § 328 Abs. 1 einen eigenen Anspruch auf Leistung des Schuldners an den Dritten, also einen Primäranspruch. Hingegen ist beim nicht geregelten Vertrag mit Schutzwirkung zugunsten Dritter der Dritte lediglich zu schützen, kommt also nur in den Genuss der Nebenpflichten. Der Dritte kann lediglich Schadensersatz aus § 280 Abs. 1 i.V.m. § 241 Abs. 2 verlangen, falls ihm gegenüber Pflichten verletzt worden sind.

2. Was sind die Voraussetzungen für einen Vertrag mit Schutzwirkung zugunsten Dritter?

2. Der Vertrag mit Schutzwirkung zugunsten Dritter hat folgende Voraussetzungen: Zunächst muss eine Leistungsnähe des Dritten bestehen. Ferner muss ein Schutzinteresse des Gläubigers bestehen. Umstritten ist dabei, wie intensiv das Schutzinteresse sein muss: Die heute h.M. verlangt lediglich, dass die Vertragsparteien den Willen hatten, zugunsten des Dritten eine Schutzpflicht zu begründen. Ferner muss die Einbeziehung des Dritten in den Schutzbereich für den Schuldner erkennbar sein. Des Weiteren muss der Dritte schutzbedürftig sein, was nicht der Fall ist, wenn er eigene vertragliche Ansprüche mit gleichwertigem Inhalt gegen den Gläubiger oder Schuldner hat.

3. Wann entsteht ein vorvertragliches Schuldverhältnis?

3. Gemäß § 311 Abs. 2 Nr. 1 entsteht ein vorvertragliches Schuldverhältnis durch Aufnahme von Vertragsverhandlungen. Ferner gemäß § 311 Abs. 2 Nr. 2 durch Vertragsanbahnung sowie gemäß § 311 Abs. 2 Nr. 3 durch ähnliche geschäftliche Kontakte.

4. Welche besonderen Schuldverhältnisse sind in § 311 Abs. 3 gemeint?

4. Gemeint sind hiermit Dritte, die, wie § 311 Abs. 3 S. 2 klarstellt, ein besonderes Vertrauen erzeugt haben und damit einer Vertragspartei nahekommen, z.B. ein Gebrauchtwagenhändler, der als Vermittler des Vorbesitzers des Pkw seine besondere Sachkunde betont hat.

2. Abschnitt: Erfüllung von Leistungspflichten

A. Erfüllung von Leistungen, §§ 362 ff.

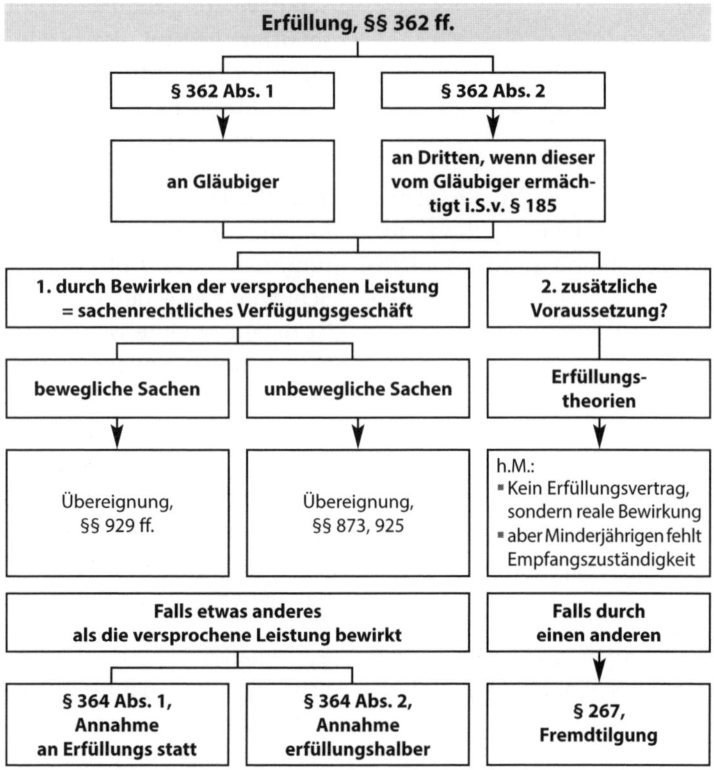

I. Leistet der Schuldner den geschuldeten Gegenstand, so gilt § 362

1. Leistet der Schuldner den geschuldeten Gegenstand **an den Gläubiger**, so geht der Erfüllungsanspruch **gemäß § 362 Abs. 1** unter (entgegen dem missverständlichen Wortlaut geht nicht das gesamte Schuldverhältnis unter, sondern nur der konkrete Anspruch!).

2. Leistet der Schuldner den geschuldeten Gegenstand **an einen Dritten**, so verweist **§ 362 Abs. 2** auf § 185 und stellt damit klar, dass Erfüllung nur eintritt, wenn der wahre Gläubiger eine entsprechende Ermächtigung i.S.v. § 185 Abs. 1 zur Leistung an den Dritten erteilt hat.

II. Leistet hingegen der Schuldner einen anderen Gegenstand als ursprünglich geschuldet, so gilt § 364

1. Akzeptiert der Gläubiger den anderen Gegenstand **an Erfüllung statt**, so tritt Erfüllung ein, **§ 364 Abs. 1**, sog. Annahme an Erfüllung statt.

Beispiel: Statt des an sich geschuldeten roten Pkw wird ein blauer akzeptiert.

2. Wird allerdings durch den Schuldner **bloß eine neue Verbindlichkeit**, z.B. aus Schuldanerkenntnis, § 781, abgegeben, so tritt gemäß **§ 364 Abs. 2** noch keine Erfüllung ein, sog. Hingabe erfüllungshalber. Erst wenn die neue Verbindlichkeit auch tatsächlich eingelöst worden ist, tritt Erfüllung ein.

Grund: Eine bloße neue Verbindlichkeit aus § 781 ist im Verhältnis zum ursprünglich Geschuldeten (z.B. Bargeld) nicht gleichwertig, weil der Schuldner nur noch einmal versprochen hat, zu zahlen, aber unsicher ist, ob Zahlung auch wirklich erfolgt.

Klausurtipp: *Für die Abgrenzung von § 364 Abs. 1 zu § 364 Abs. 2 gilt die Faustformel: Nur dann, wenn das andere Leistungsobjekt genauso gut und genauso sicher wie das ursprünglich geschuldete Leistungsobjekt ist, kann eine Annahme an Erfüllung statt gemäß § 364 Abs. 1 angenommen werden (z.B. statt der versprochenen Kiste Sekt wird eine Kiste Prosecco angenommen).* !

III. Bewirken der Leistung

„Bewirkt" i.S.v. § 362 ist bei einem Kaufvertrag die Kaufsache, falls sie – wie nach § 433 Abs. 1 geschuldet – übergeben und übereignet wird. Dazu muss das **sachenrechtliche Verfügungsgeschäft** wirksam vorgenommen werden. Dieses richtet sich nach dem Leistungsobjekt:

1. Bei **beweglichen Sachen** wird „bewirkt" durch **wirksame Übereignung gemäß §§ 929 ff.**, bei **Grundstücken** durch **wirksame Übereignung gemäß §§ 873, 925**.

2. Hier zeigt sich also die Nahtstelle im Abstraktionsprinzip: Die Vornahme des wirksamen sachenrechtlichen Verfügungsgeschäfts führt über § 362 zur Erfüllung des schuldrechtlichen Vertrags. Sollte sich umgekehrt später herausstellen, dass keine Erfüllung eingetreten ist, weil der schuldrechtliche Vertrag, z.B. der Kaufvertrag, § 433, unwirksam ist, so ist aufgrund des Abstraktionsprinzips die Übereignung i.S.v. § 929 zwar trotzdem wirksam, jedoch ohne

Rechtsgrund erbracht worden. Daher besteht die Pflicht aus § 812 Abs. 1 S. 1 Var. 1 zur Rückgewähr, genauer: zur Rückübereignung!

IV. Ungeschriebene Voraussetzung der Erfüllung

§§ 362 ff. haben nach h.M. noch eine ungeschriebene Voraussetzung: Nur wenn an einen **Empfangszuständigen** geleistet wurde, tritt Erfüllung ein. Der Minderjährige ist nicht empfangszuständig, sondern seine Eltern, sodass bei Leistung an einen Minderjährigen keine Erfüllungswirkung eintritt. Ausnahme: Lediglich vorteilhafte Geschäfte (= Wertung aus § 107) und Taschengeldgeschäfte (= Wertung aus § 110).

V. Besonderheiten bei der Erfüllung

1. Erfüllung mehrerer Forderungen, §§ 366 ff.

Bestehen mehrere Forderungen und reicht das vom Schuldner Geleistete zur Begleichung aller Forderungen nicht aus, so ist nach der in **§§ 366, 367 vorgegebenen Reihenfolge** zu lösen.

2. Fremdtilgung durch Dritte, § 267

Die Fremdtilgung ist in **§ 267** geregelt und setzt nach h.M. eine entsprechende Fremdtilgungsbestimmung bei Erbringung der Leistung voraus (Rechtssicherheit). Streitig ist, ob eine spätere Nachholung oder Änderung der Fremdtilgungsbestimmung möglich ist.

B. Erfüllungssurrogat: Aufrechnung gemäß §§ 387 ff.

Aufbauschema: Aufrechnung, §§ 387 ff.

I. Aufrechnungserklärung, § 388

1. Unbedingte Erklärung, § 388 S. 2
2. Zugang beim Empfänger

II. Aufrechnungslage, § 387

1. Gegenseitige Forderungen
2. Gleichartige Forderungen = Geldforderungen
3. Hauptforderung des Anspruchstellers (= Aufrechnungsgegner) ist erfüllbar
4. Gegenforderung des Aufrechnenden ist durchsetzbar, aber Verjährung unschädlich, wenn § 215 erfüllt!

III. Kein Aufrechnungsausschluss

1. Kein gesetzlicher Ausschluss, §§ 390 ff., insbesondere
   - § 390, keine Aufrechnung mit einredebehafteter Forderung
   - § 393, keine Aufrechnung **gegen** Forderung aus vorsätzlicher unerlaubter Handlung
   - § 394, keine Aufrechnung gegen unpfändbare Forderung
2. Kein vertraglicher Ausschluss

IV. Rechtsfolge, § 389

Forderungen gelten, soweit sie sich decken, als in dem Zeitpunkt untergegangen, in dem sie sich erstmalig aufrechenbar gegenüberstanden, § 389.

Erfüllungssurrogat, und damit ebenfalls Untergangsgrund, ist die **Aufrechnung, §§ 387 ff.**

I. Erforderlich ist eine **Aufrechnungserklärung, § 388**, als rechtsgestaltende empfangsbedürftige Willenserklärung. Also Rechtsfolgen erst ab Zugang der Erklärung (§ 130 Abs. 1 S. 1). Eine Frist ist hierfür nicht vorgesehen.

II. Ferner muss eine sog. **Aufrechnungslage, § 387**, gegeben sein:

1. Erforderlich sind **gegenseitige Forderungen. Diese sind hier ggf. inzidenter zu prüfen!**

2. Diese Forderungen müssen **gleichartig** sein:

Im Hinblick auf die Rechtsfolge (Verrechnung) können dies **nur Geldforderungen** sein. Stehen sich also andere Forderungen gegenüber, so kann nur ein Zurückbehaltungsrecht mit der Folge einer Zug-um-Zug-Leistung geltend gemacht werden: gemäß §§ 320, 322 bei synallagmatischen Hauptleistungspflichten; gemäß §§ 273, 274 bei sonstigen Leistungspflichten.

3. Des Weiteren muss die **Hauptforderung des Aufrechnungsgegners erfüllbar** sein; im Zweifel sofort, § 271.

4. Ferner muss die **Gegenforderung des Aufrechnenden durchsetzbar** sein, d.h. die Gegenforderung des Aufrechnenden darf nicht mit Einreden behaftet sein, § 390.

Eine **Ausnahme** gilt jedoch unter den Voraussetzungen des **§ 215** für die Einrede der Verjährung (§ 214 Abs. 1). Gemäß § 215 kann noch mit einer jetzt verjährten Forderung aufgerechnet werden, falls sie z.Z. der erstmaligen Aufrechenbarkeit noch nicht verjährt war. Grund: Es gibt keine Frist zur Aufrechnung und die andere Seite hätte ja auch in der Zwischenzeit aufrechnen können! Außerdem hat die Aufrechnung rückwirkende Kraft, § 389.

III. Aufrechnungsausschlussgründe sind in **§§ 390 ff.** genannt.

Hauptfall ist § 393 (lesen!). Beachte, dass **§ 393 nur ein einseitiges Aufrechnungsverbot** für den Schädiger bedeutet, **gegen** die Forderung aus § 823 aufzurechnen und auch nur bei vorsätzlich unerlaubter Handlung. Umgekehrt kann das Opfer durchaus **mit** seiner Schadensersatzforderung aus §§ 823 ff. aufrechnen! Denn nur der Schädiger soll sanktioniert werden.

IV. Rechtsfolge

Die Aufrechnung hat, **wie aus § 389 folgt, rückwirkende Kraft:** Die Forderungen gelten, soweit sie sich decken, als in dem Zeitpunkt untergegangen, in dem sie sich erstmalig aufrechenbar gegenüberstanden.

Check zum 2. Abschnitt

1. Warum ist der Wortlaut des § 362 Abs. 1 missverständlich?	**1.** Entgegen dem Wortlaut des § 362 Abs. 1 geht nicht das gesamte Schuldverhältnis unter (z.B. der Vertrag), sondern nur der konkrete Erfüllungsanspruch.
2. Was ist der Unterschied zwischen § 362 Abs. 1 und Abs. 2?	**2.** Leistet der Schuldner an den Gläubiger selbst (oder dessen Stellvertreter, § 164), so tritt Erfüllung gemäß § 362 Abs. 1 ein. Leistet hingegen der Schuldner an einen Dritten, d.h. an einen Außenstehenden, so tritt gemäß § 362 Abs. 2 Erfüllung nur ein, wenn der Dritte vom Gläubiger zum Einzug ermächtigt war i.S.v. § 185 Abs. 1 (sog. Einzugsermächtigung).
3. Kann auch Erfüllung eintreten, wenn der Schuldner etwas anderes als das eigentlich Geschuldete an den Gläubiger leistet?	**3.** Leistet der Schuldner etwas anderes als das eigentlich Geschuldete, so gilt § 364: Gemäß § 364 Abs. 1 tritt gleichwohl Erfüllung ein, sofern der Gläubiger die andere Leistung an Erfüllung statt akzeptiert. Hingegen stellt § 364 Abs. 2 klar, dass keine Erfüllung eintritt, wenn der Schuldner bloß eine neue Verbindlichkeit, z.B. aus Schuldanerkenntnis, § 781 BGB, abgibt.
4. Welche Voraussetzungen hat die Aufrechnung?	**4.** Die Aufrechnung setzt zunächst eine Aufrechnungserklärung i.S.v. § 388 voraus. Ferner muss eine sog. Aufrechnungslage i.S.v. § 387 gegeben sein: D.h. gegenseitige Forderungen, die gleichartig, d.h. auf Geld gerichtet sind. Ferner muss die Hauptforderung des Anspruchstellers (Aufrechnungsgegner) erfüllbar sein, hingegen die Gegenforderung des Aufrechnenden muss durchsetzbar sein, d.h. dem dürfen keine Einreden entgegenstehen, vgl. § 390. Des Weiteren darf die Aufrechnung nicht ausgeschlossen sein, Ausschlussgründe finden sich in den §§ 390 ff.
5. Kann der Schuldner mit einer Forderung aufrechnen, die bereits verjährt ist?	**5.** Unter den Voraussetzungen des § 215 kann der Schuldner auch mit einer im Jetztzeitpunkt verjährten Forderung aufrechnen, solange seine Forderung zu dem Zeitpunkt, zu dem sie sich erstmalig mit der Forderung des Anspruchsstellers gegenüberstand, noch nicht verjährt war.
6. Kann der Schuldner mit einer Gegenforderung aus § 823 BGB aufrechnen?	**6.** Mit einer Forderung aus unerlaubter Handlung kann der Schuldner stets aufrechnen, da § 393 lediglich eine Aufrechnung des Schädigers **gegen** die Forderung aus vorsätzlich begangener unerlaubter Handlung verbietet.
7. Welche Rechtsfolge hat die Aufrechnung?	**7.** Die Aufrechnung hat gemäß § 389 rückwirkende Kraft: Die Forderungen gelten, soweit sie sich decken als in dem Zeitpunkt untergegangen, in dem sie sich erstmalig aufrechenbar gegenüberstanden.

3. Abschnitt: Nichterfüllung von Hauptpflichten

Zur Erinnerung: Es gibt drei Arten von Pflichtverletzungen: die Nichtleistung (Ausbleiben oder Unmöglichkeit der Leistung), die Schlechtleistung und Nebenpflichtverletzungen.

Im Rahmen der Nichtleistung sollte für die Abgrenzung Ausbleiben–Unmöglichkeit in erster Linie geprüft werden, ob Unmöglichkeit vorliegt; falls nicht, kommt Ausbleiben (der möglichen) Leistung in Betracht.

A. Die Unmöglichkeit

Unmöglichkeit liegt vor, wenn der geschuldete Leistungserfolg nicht erbracht werden kann (dauerhaftes Leistungshindernis), also – in Abgrenzung zum Ausbleiben der Leistung – auch nicht nachgeholt werden kann.

I. Problemstellung

In einer **typischen Klausur zur Unmöglichkeit** stellen sich **drei Fragen:**

- Hat der Gläubiger noch einen Anspruch auf die Leistung bzw. welche Auswirkung hat die Unmöglichkeit auf die Leistungspflicht des Schuldners?
- Hat der Schuldner noch einen Anspruch auf die Gegenleistung?
- Hat der Gläubiger Ersatzansprüche?

Die ersten beiden Fragen betreffen die jeweiligen Erfüllungsansprüche (Primäransprüche). Die dritte Frage hebt auf Sekundäransprüche des Gläubigers ab.

Beispiel: V verkauft an K seinen gebrauchten VW Golf. Nach Vertragsschluss, aber noch vor Übergabe des VW Golf an K wird das Fahrzeug völlig zerstört. Wie ist die Rechtslage?

Lesen Sie dazu § 275 Abs. 1; §§ 275 Abs. 4, 326 Abs. 1 S. 1 sowie §§ 275 Abs. 4, 280 Abs. 1, Abs. 3, 283!

Erfüllungsanspruch auf die Leistung

I. K könnte gegen V einen **Anspruch auf Übergabe und Übereignung** des VW Golf **aus § 433 Abs. 1 S. 1** haben.
Nach genauerer Prüfung kommt man zu dem **Ergebnis:**
1. Der Anspruch ist mit Abschluss des Kaufvertrags gemäß § 433 Abs. 1 entstanden.
2. Der Anspruch ist nach **§ 275 Abs. 1 wegen Unmöglichkeit der Leistung erloschen**.

Erfüllungsanspruch auf die Gegenleistung

II. V könnte gegen K einen **Anspruch auf Kaufpreiszahlung aus § 433 Abs. 2** haben.

Nach genauerer Prüfung kommt man zu dem **Ergebnis:**
1. Der Anspruch ist mit Abschluss des Kaufvertrags gemäß § 433 Abs. 2 entstanden.
2. Der Anspruch ist nach **§ 326 Abs. 1 S. 1 erloschen**.
III. K könnte gegen V einen Schadensersatzanspruch aus **§§ 280 Abs. 1, Abs. 3, 283** haben.
Nach genauerer Prüfung kommt man zu dem **Ergebnis:**
Dieser Anspruch **besteht**.

Sekundäranspruch des Gläubigers

Mit diesem Beispiel haben Sie bereits die wichtigsten Normen des Unmöglichkeitsrechts, die die vorbezeichneten typischen Probleme einer Unmöglichkeitsklausur regeln, im Überblick (den die Verweisungsnorm des § 275 Abs. 4 liefert!) kennen gelernt.

Betrachten wir jedoch im Folgenden diese grundlegenden Normen des Unmöglichkeitsrechts anhand zweier weiterer Aufgaben noch etwas genauer.

Zur Vertiefung: Analysieren Sie:
I. § 275 mit seinen vier Absätzen
II. § 326 Abs. 1 S. 1 Hs. 1
III. § 280 Abs. 1, Abs. 3 und das Verhältnis dieser Norm zu § 283 und zu § 311 a Abs. 2 S. 1!

Um welche Normtypen handelt es sich (Anspruchsgrundlage, Gegennorm [Einwendung oder Einrede] oder Verweisungsnorm)?

I. Die Regelung des § 275

- Die **Absätze 1–3** befassen sich mit dem **Schicksal des Primäranspruchs** des Gläubigers:
  § 275 Abs. 1 spricht davon, dass die Leistung **„ausgeschlossen"** ist. Der Gesetzgeber verwendet diesen neutralen Begriff, damit beide zeitlichen Varianten erfasst sind: Bei nachträglicher Unmöglichkeit ist der (zunächst entstandene) Anspruch untergegangen. Hingegen bei anfänglicher Unmöglichkeit ist der Anspruch nie entstanden.

  Einwendung des § 275 Abs. 1

  § 275 Abs. 2 u. 3 geben dem Schuldner Leistungsverweigerungsrechte, also **Einreden**. Anders als § 275 Abs. 1, der automatisch wirkt, muss sich bei Abs. 2, 3 der Schuldner darauf berufen, wenn die Einrede zu seinen Gunsten berücksichtigt werden soll!

  „Über Einreden muss man reden"

  Klausurtipp: *Während grundsätzlich das Erheben einer Einrede bewirkt, dass der Anspruch auf die Leistung* ***nicht durchsetzbar*** *ist, führt nach h.M. die Geltendmachung der Einreden aus § 275 Abs. 2 bzw. Abs. 3 jedoch zum* ***Untergang*** *des Erfüllungsanspruchs (sog. „rechtsvernichtende Einrede"; str.).*
- **§ 275 Abs. 4** ist eine **bloße Verweisungsnorm für die Rechte des Gläubigers**. Der Gesetzgeber möchte mit der Verweisung lediglich die Rechtsanwendung erleichtern.

  „§ 275 Abs. 4 weist den Weg"

  !

  Klausurtipp: *Da § 275 Abs. 4 keine Anspruchsgrundlage ist, ist es eine Geschmacksfrage, ob die Norm zu der Anspruchsgrundlage mitzitiert wird. Sie kann auch weggelassen werden.*

II. § 326 Abs. 1 S. 1 Hs. 1 lässt bei unmöglicher Leistung auch den Anspruch auf die Gegenleistung untergehen. Grund: Leistung und Gegenleistung stehen im Austauschverhältnis („Synallagma"). Ausnahmen in § 326 Abs. 2, 3.

III. § 280 Abs. 1, Abs. 3 i.V.m. § 283 ist die Anspruchsgrundlage auf Schadensersatz statt der Leistung.
IV. § 311 a Abs. 2 S. 1 ist die alleinige und spezielle Anspruchsgrundlage für den Fall der anfänglichen Unmöglichkeit auf Schadensersatz statt der Leistung.

Bevor wir uns den Fallgruppen der Unmöglichkeit zuwenden, wollen wir noch ein **terminologisches Problem** klären. Die Regelungen der §§ 275 und 326 sprechen von einem „Schuldner" und einem „Gläubiger". Bei einem **gegenseitigen Austauschvertrag**, wie z.B. einem Kaufvertrag, sind jedoch **beide** Vertragspartner **jeweils Gläubiger und Schuldner**. So ist z.B. der Käufer Gläubiger hinsichtlich der Kaufsache (Anspruch aus § 433 Abs. 1) und Schuldner hinsichtlich des Kaufpreises (gemäß § 433 Abs. 2).

Zur Vertiefung: Wen meinen § 275 bzw. § 326 mit „Schuldner" und „Gläubiger"?

! ***Hinweis:*** *In diesem Bereich besteht eine* ***typische Fehlerquelle*** *in der Klausur. Die Regeln des Unmöglichkeitsrechts können überhaupt nur dann richtig angewendet werden, wenn man sich zwingt, diese grundlegende Frage vorweg zu klären!*

Bei der Beantwortung dieser Frage ist **stets von der unmöglich gewordenen Leistung auszugehen**! Es ist zu fragen: Wer ist Schuldner dieser unmöglich gewordenen Leistung? So ist in unserem Eingangsbeispiel V Schuldner der unmöglich gewordenen Leistung (Lieferung des VW Golf). V ist also Schuldner der Leistungspflicht i.S.v. § 275 Abs. 1. Umgekehrt ist V Gläubiger der Gegenleistung i.S.d. § 326 Abs. 1 (Kaufpreis).

II. Fallgruppen der Unmöglichkeit

Unmöglichkeit (UM)

tatsächliche/ rechtliche	**praktische**	**persönlich**
▪ Leistung kann vom Schuldner nicht erbracht werden (subjektive UM) ▪ Leistung kann von niemandem erbracht werden (objektive UM)	Leistung kann erbracht werden, erfordert aber Aufwendungen, die in einem groben Missverhältnis zum Leistungsinteresse stehen **Beispiel:** Ring auf Meeresgrund, § 275 Abs. 2	bei persönlichen Leistungen ist dem Schuldner aus persönlichen Gründen die Leistung unzumutbar **Beispiel:** Kind der Sängerin krank

Rechtliche Einordnung hinsichtlich Leistungspflicht

§ 275 Abs. 1	**§ 275 Abs. 2**	**§ 275 Abs. 3**
↓	↓	↓
Leistungspflicht besteht nicht bzw. entfällt (Einwendung)	Leistungsverweigerungsrecht (Einrede)	Leistungsverweigerungsrecht (Einrede)

1. Tatsächliche/rechtliche Unmöglichkeit, § 275 Abs. 1

§ 275 Abs. 1 regelt die **tatsächliche bzw. rechtliche Unmöglichkeit**, bei der entweder aus tatsächlichen oder rechtlichen Gründen die Herbeiführung des Leistungserfolgs nicht möglich ist. Diese Regelung trägt der Maxime Rechnung, dass niemand zu einer unmöglichen Leistung verurteilt werden darf.

Beispiel für *tatsächliche* Unmöglichkeit: Bei dem Kauf eines gebrauchten Pkw (Stückkauf) wird dieser vor Übergabe und Übereignung vollständig zerstört.

Beispiel für *rechtliche* Unmöglichkeit: Verpflichtung eines ausländischen Arbeitnehmers zur Dienstleistung bei Fehlen der Arbeitserlaubnis.

Subjektive und objektive Unmöglichkeit

- Aus der Formulierung in § 275 Abs. 1 „für den Schuldner oder für jedermann" folgt: Es wird **sowohl die subjektive als auch die objektive Unmöglichkeit** erfasst.

  Subjektive Unmöglichkeit (= Unvermögen) bedeutet: Nur der Schuldner kann nicht leisten, wohl aber ein Dritter.

  Objektive Unmöglichkeit heißt: Niemand ist in der Lage, die Leistung zu erbringen.

Klausuraufbau:
I. Anspruch entstanden
II. Anspruch nicht untergegangen
III. Durchsetzbarkeit (keine Einreden)

- Aus dem Wort „unmöglich ist" ergibt sich: Die Leistung kann bereits vor Vertragsschluss unmöglich sein **(anfängliche Unmöglichkeit)**. § 275 Abs. 1 ist dann eine rechtshindernde Einwendung (d.h. unter „Anspruch entstanden" zu prüfen!). Ebenso kann die Unmöglichkeit auch erst nach Vertragsschluss eintreten **(nachträgliche Unmöglichkeit)**. § 275 Abs. 1 ist dann eine rechtsvernichtende Einwendung (d.h. unter „Anspruch untergegangen" zu prüfen!).

  !

  Hinweis: *Die Unterscheidung zwischen anfänglicher und nachträglicher Unmöglichkeit spielt im Rahmen des später zu erörternden Schadensersatzanspruchs des Gläubigers eine Rolle. Denn § 311 a Abs. 2 S. 1 ist bei anfänglicher Unmöglichkeit für den Schadensersatz statt der Leistung lex specialis zum einheitlichen Haftungstatbestand des § 280 Abs. 1, Abs. 3 i.V.m. § 283.*

- **Für den Ausschluss der Leistungspflicht gemäß § 275 Abs. 1 ist ein etwaiges Verschulden des Schuldners unerheblich**. Grund: „Wer nicht kann, der kann nicht", auch wenn ihn ein Verschulden trifft (ggf. aber Sanktion über Schadensersatzpflicht).

Vollständige und teilweise Unmöglichkeit

- Wie aus dem Wort „soweit" folgt, regelt § 275 Abs. 1 **neben der vollständigen auch die teilweise Unmöglichkeit**. Nur soweit die Leistung unmöglich ist, erlischt der Primäranspruch, im Übrigen also nicht.

a) Unmöglichkeit bei Stück-, Gattungs- und Geldschuld

Bei der Frage, ob eine tatsächliche Unmöglichkeit vorliegt, ist es wichtig, zu untersuchen, ob die geschuldete Leistung eine Stück-, Gattungs-, oder Geldschuld ist.

aa) Stückschuld

Bei einer Stückschuld (sog. Speziesschuld) ist die geschuldete Sache individualisiert, so wie in unserem Ausgangsbeispiel: Geschuldet war der genau bezeichnete gebrauchte VW Golf des V. Durch Untergang ist die Herbeiführung des Leistungserfolgs (Übergabe und Übereignung des VW Golf, § 433 Abs. 1 S. 1) tatsächlich unmöglich, § 275 Abs. 1.

Schwieriger und daher klausurrelevanter ist die Frage, wann bei einer Gattungsschuld Unmöglichkeit eintritt.

bb) Gattungsschuld

Bei einer Gattungsschuld trifft den Schuldner die Pflicht, (irgend-) eine Sache (mittlerer Art und Güte) aus der Gattung zu liefern. Lesen Sie hierzu § 243 Abs. 1!

Abgrenzung zwischen Stück- und Gattungsschuld bei vertretbaren Sachen, § 91

In Klausuren bereitet oftmals die **Abgrenzung zwischen Stück- und Gattungsschuld** Schwierigkeiten, wenn **Gegenstand des Vertrags eine vertretbare Sache i.S.d. § 91** (lesen!) ist.

Beispiel: Der Käufer K geht in einen Supermarkt, sucht sich aus dem Kühlregal einen Joghurtbecher aus, geht mit ihm zur Kasse und bezahlt ihn. Stückschuld oder eine Gattungsschuld?

Wenn der Kunde (= Gläubiger des Lieferanspruchs) einen bestimmten Gegenstand aussucht, diesen zur Kasse trägt und bezahlt, liegt ein Stückkauf vor, auch wenn es sich um eine Standardsache handelt, in § 91 „vertretbare Sache" genannt. Denn der Kunde will diesen konkreten Gegenstand übergeben und übereignet bekommen. Nur wenn der Kunde (= Gläubiger) die Auswahl der Kaufsache dem Verkäufer (= Schuldner der Lieferpflicht) überlässt, handelt es sich um eine Gattungsschuld i.S.v. § 243 Abs. 1.

Bei einem Stückkauf tritt daher grundsätzlich Unmöglichkeit ein, wenn vor der Übereignung die Sache untergeht. Handelt es sich aber um eine Standardsache = vertretbare Sache i.S.v. § 91, so ist diese ja austauschbar, sodass keine Unmöglichkeit eintritt.

(1) Unmöglichkeit bei der Gattungsschuld, § 275 Abs. 1

Objektive Unmöglichkeit bei der Gattungsschuld

(a) Grundsatz

Da der Schuldner bei der Gattungsschuld irgendeine Sache mittlerer Art und Güte (§ 243 Abs. 1) zu leisten hat, kommt eine **Unmöglichkeit bei Gattungsschulden** erst in Betracht, wenn

- die **gesamte Gattung untergeht**, d.h. auf dem Markt nicht mehr verfügbar ist, oder
- wenn die Parteien vereinbart haben, dass die geschuldete Leistung nur aus einem bestimmten Teil der Gattung zu erbringen ist **(beschränkte Gattungsschuld oder Vorratsschuld)** und dieser untergeht.

(b) Ausnahme: Wenn bereits der Schuldner (= Verkäufer)

- gemäß **§ 243 Abs. 2** das Schuldverhältnis auf einen bestimmten Gegenstand konkretisiert hat und dieser Gegenstand untergeht;
- die Leistungsgefahr nach **§ 300 Abs. 2** auf den Gläubiger (= Käufer) übergegangen ist, weil er bereits im Annahmeverzug war.

(2) Praktische Unmöglichkeit bei der Gattungsschuld, § 275 Abs. 2

Da der Gattungsschuldner nach § 243 Abs. 1 eine Sache mittlerer Art und Güte leisten muss, muss er grundsätzlich versuchen, die Sache auf dem Markt zu beschaffen. **Da ihn also das Beschaffungsrisiko trifft** (vgl. auch § 276 Abs. 1 Hs. 2), **scheidet insoweit eine subjektive Unmöglichkeit i.S.v. § 275 Abs. 1 im Regelfall aus.** Wenn jedoch der für die Beschaffung einer Sache aus der Gattung erforderliche Aufwand des Schuldners in einem groben Missverhältnis zum Leistungsinteresse des Gläubigers steht, liegt ein Fall der **praktischen Unmöglichkeit** vor und er kann die **Einrede aus § 275 Abs. 2 S. 1** erheben! Dies kommt auch bei coronabedingten Auflagen in Betracht, falls diese zu einem unzumutbaren Aufwand (z.B. wegen Hygiene-, Testauflagen) führen. Jedoch ist dann die Abgrenzung zur Störung der Geschäftsgrundlage, § 313, schwierig (s. S. 86 ff.).

(3) Klausurrelevante Fallgruppen der Unmöglichkeit bei der Gattungsschuld

Von besonderer Klausurrelevanz für die Überprüfung einer Unmöglichkeit bei der Gattungsschuld sind **die Fallgruppen der Konkretisierung nach § 243 Abs. 2 und des Übergangs der Leistungsgefahr nach § 300 Abs. 2**. Im Folgenden wollen wir daher auf diese genauer eingehen:

(a) Konkretisierung nach § 243 Abs. 2

Zur Rechtsfolge: Das Schuldverhältnis beschränkt sich nach § 243 Abs. 2 „auf diese Sache". **Das bedeutet: Aus der Gattungsschuld wird nun faktisch eine Stückschuld.** Es tritt eine Konkretisierung ein. Oder anders gesagt: Die Leistungsgefahr geht vom Schuldner (= Verkäufer) auf den Gläubiger (= Käufer) über. Der Schuldner ist beim Untergang der konkretisierten Leistung nicht mehr zu einer Ersatzbeschaffung verpflichtet. Vielmehr ist § 275 Abs. 1 (tatsächliche Unmöglichkeit) einschlägig, wenn diese Sache untergeht.

Zu den Tatbestandsvoraussetzungen: Der Schuldner muss „das zur Leistung einer solchen Sache seinerseits Erforderliche" getan haben. Mit einer „solchen Sache" ist eine Sache i.S.d. § 243 Abs.1 gemeint, also eine Sache mittlerer Art und Güte (d.h. gewisse Abweichungen sind zulässig!). Aus der Formulierung „Hat ... getan ..." geht hervor, dass auf die **Leistungshandlung** des Schuldners abzustellen ist. **Die Anforderungen an diese Leistungshandlung hängen von der Art der Schuld ab.** Für die Frage, ob der Schuldner „das seinerseits Erforderliche getan hat", ist also zwischen **Hol-, Bring- und Schickschuld** zu unterscheiden:

Holschuld	Bringschuld	Schickschuld
Leistungs- und Erfolgsort liegen beim **Schuldner**	Leistungs- und Erfolgsort liegen beim **Gläubiger**	Leistungsort liegt beim Schuldner, Erfolgsort liegt beim Gläubiger
Voraussetzungen für Konkretisierung, § 243 Abs. 2		
Aussonderung der Ware und Aufforderung zur Abholung	**Aussonderung der Ware u. Leistungsangebot beim Gläubiger**	**Aussonderung und Absenden der Ware**

Rechtsfolge
Durch Konkretisierung geht gemäß § 243 Abs. 2 die Leistungsgefahr über, d.h. der Schuldner muss im Fall des § 275 Abs. 1 nicht erneut leisten.

Hinweis zur Terminologie:

!

*Der **Leistungsort** ist der Ort, an dem der Schuldner die Leistungshandlung vorzunehmen hat.*

*Der **Erfolgsort** ist der Ort, an dem der Leistungserfolg (Übereignung i.S.v. §§ 929 ff.) eintreten soll.*

- Bei der **Holschuld** holt der Gläubiger die geschuldete Leistung beim Schuldner (= Verkäufer) ab. Leistungs- und Erfolgsort liegen beim Schuldner. Der Schuldner hat „das seinerseits Erforderliche" i.S.d. § 243 Abs. 2 getan, wenn er eine Sache mittlerer Art und Güte ausgesondert und den Gläubiger zum Abholen aufgefordert hat (h.M.). Ergibt sich aus den Umständen nichts anderes, ist gemäß § 269 Abs. 1 eine Holschuld anzunehmen.

Holschuld = Regelfall gemäß § 269 Abs. 1

- Umgekehrt verhält es sich bei der **Bringschuld**. Der Schuldner (= Verkäufer) bringt dem Gläubiger die geschuldete Leistung. Leistungs- und Erfolgsort liegen beim Gläubiger. Zur Konkretisierung nach § 243 Abs. 2 kommt es, wenn der Schuldner die Sache aussondert und dem Gläubiger an dessen Wohnsitz tatsächlich anbietet.

Bringschuld = Ausnahme, da gemäß § 269 Abs. 3 in der Regel Schickschuld

- Bei der **Schickschuld** ist der Leistungsort beim Schuldner (= Verkäufer) und der Erfolgsort beim Gläubiger. Konkretisierung nach § 243 Abs. 2 tritt ein, wenn der Schuldner die Sache aussondert und an die Transportperson übergibt. Bei der Schickschuld schuldet der Verkäufer also – anders als bei der Bringschuld – den Transport nicht.

Schickschuld = bei Versendung der Regelfall, § 269 Abs. 3

(b) Übergang der Leistungsgefahr nach § 300 Abs. 2

§ 300 Abs. 2 regelt den Übergang der Leistungsgefahr **nur für die Fälle, in denen dieser Übergang nicht bereits durch § 243 Abs. 2 herbeigeführt** wurde. Somit verbleiben für die Anwendung des § 300 Abs. 2 lediglich **zwei Fallkonstellationen**:

1. Fallgruppe: § 243 Abs. 2 wurde vertraglich abbedungen.

2. Fallgruppe: Der Gläubiger einer Bring- bzw. Schickschuld ist nach § 295 bzw. § 296 in Annahmeverzug geraten.

Beispiel: K hat bei V einen Klavierflügel bestellt. Es wurde eine Bringschuld vereinbart. Noch vor der von V dem K telefonisch angekündigten Lieferung des bereits ausgesonderten Klaviers teilt K dem V mit, dass er keinesfalls zur Annahme bereit ist. V liefert daher nicht. Am nächsten Tag schlägt ein Blitz im Lager des V ein; der Flügel verbrennt. K verlangt nun doch die Lieferung. Zu Recht?

I. Der Anspruch des K gegen V aus § 433 Abs. 1 S. 1 auf Übergabe und Übereignung eines Klaviers ist mit dem Abschluss des Kaufvertrags zwischen K und V **entstanden**.
II. Der Anspruch könnte jedoch **nach § 275 Abs. 1 erloschen** sein, denn das ausgesonderte Klavier ist nach Vertragsschluss verbrannt. Es könnte eine nachträgliche objektive Unmöglichkeit gegeben sein. Allerdings schuldet V nur ein Klavier, es liegt nur eine Gattungsschuld vor. Den V trifft daher grundsätzlich eine Beschaffungspflicht, er trägt die Leistungsgefahr. § 275 Abs. 1 ist grundsätzlich nicht anwendbar.
III. Die Leistungspflicht könnte sich jedoch auf das untergegangene Klavier nach **§ 243 Abs. 2** konkretisiert haben, mit der Folge, dass der V doch durch den Untergang dieses Klaviers nach § 275 Abs. 1 von seiner Leistungspflicht frei geworden und daher der Anspruch aus § 433 Abs. 1 S. 1 erloschen ist.
V müsste hierfür das zur Leistung seinerseits Erforderliche getan haben. Welche Leistungshandlung hierfür erforderlich ist, hängt von der Art der Schuld ab (Hol-/Bring-/Schickschuld). Zwischen V und K wurde eine Bringschuld vereinbart. Bei einer Bringschuld ist der Leistungsort ebenso wie der Erfolgsort beim Gläubiger. Eine Konkretisierung i.S.d. § 243 Abs. 2 tritt dann ein, wenn der Schuldner die Sache aussondert und dem Gläubiger an dessen Wohnsitz tatsächlich anbietet. Zu einem tatsächlichen Angebot kam es jedoch nicht. Eine Konkretisierung nach § 243 Abs. 2 liegt also nicht vor.
IV. Fraglich ist aber, ob die **Leistungsgefahr nach § 300 Abs. 2 auf K übergegangen** ist, mit der Folge, dass der V doch durch den Untergang dieses Klaviers nach § 275 Abs. 1 von seiner Leistungspflicht frei geworden ist.
1. V hat das Klavier **ausgesondert**.
2. K müsste sich im Zeitpunkt des Untergangs **im Annahmeverzug nach §§ 293 ff.** befunden haben. Der Anspruch des K gegen V aus § 433 Abs. 1 S. 1 ist erfüllbar. Ein wörtliches Angebot des V nach § 295 liegt vor. K hat erklärt, dass er zur Annahme der Leistung nicht bereit sei und hat diese auch nicht angenommen. Die Leistung war zur Zeit des Angebots noch möglich (§ 297). K befindet sich daher im Annahmeverzug.
3. Da die Unmöglichkeit, d.h. der Untergang des Klaviers, durch den Blitzeinschlag im Lager des V verursacht wurde, also durch Zufall eingetreten ist, hat der **V den Untergang auch nicht zu vertreten**.
4. Die Leistungsgefahr ist somit nach § 300 Abs. 2 auf K übergegangen. Mit dem Untergang des ausgesonderten Klaviers liegt auch tatsächliche Unmöglichkeit i.S.d. § 275 Abs. 1 vor.
Ergebnis: Der Anspruch des K auf Übergabe und Übereignung des Flügels ist somit erloschen.

cc) Geldschuld

Die Geldschuld wird in § 270 nicht abschließend geregelt. Deswegen sind Probleme zur Geldschuld klausurrelevant!

! ***Hinweis:*** *Mit „Geldschuld“ ist die* ***Geldsummenschuld****, bei der nur eine Summe in Höhe des Nennbetrags geschuldet wird, gemeint.* ***Anders*** *verhält es sich bei der* ***Geldherausgabeschuld*** *(wie sie z.B. bei dem Anspruch aus § 985 gegeben ist!), bei der konkrete Münzen bzw. Scheine geschuldet werden (= Stückschuld).*

Beispiel: Käufer K bietet dem Verkäufer V in Annahmeverzug begründender Art und Weise einen 50-€-Schein als Kaufpreiszahlung an, welchen der V jedoch nicht annimmt. Dem K wird sodann auf der Rückfahrt im Bus der Schein ohne sein Verschulden gestohlen. Kann der V nunmehr noch Kaufpreiszahlung verlangen?

I. Der Anspruch des V gegen K auf Kaufpreiszahlung aus **§ 433 Abs. 2** ist mit Abschluss des Kaufvertrags **entstanden**.
II. Der Anspruch könnte aufgrund des diebstahlsbedingten Verlustes **nach § 275 Abs. 1 untergegangen** sein.

Geldschuld ist keine Gattungsschuld

1. Fraglich ist, **ob Geldschulden Gattungsschulden sind** und somit gemäß §§ 243 Abs. 1, 276 Abs. 1 Hs. 2 grundsätzlich eine Beschaffungspflicht für den Schuldner besteht. Bei einer Geldschuld hat der Schuldner dem Gläubiger jedoch nur den Nennbetrag zu erbringen. Auf das Merkmal „mittlerer Art und Güte" i.S.v. § 243 Abs. 1 kommt es nicht an (weswegen auch ein eingerissener Geldschein zu akzeptieren ist). Es handelt sich um eine sog. **Wertverschaffungsschuld und damit nicht um eine Gattungsschuld**.

„Geld hat man zu haben"

2. Da aber Geld ohne Weiteres zu beschaffen ist, wird nach h.M. Geld wie eine Gattungsschuld behandelt: Der **Geldschuldner hat** daher insoweit **für seine finanzielle Leistungsfähigkeit unbeschränkt einzustehen**. Dies ist ein Grundsatz, der unserer Rechtsordnung immanent ist („Geld hat man zu haben"). Dieser Grundsatz zeigt sich gerade in der Existenz des Zwangsvollstreckungsrechts. Demnach müsste K andere 50 € an V leisten.
3. Eine Ausnahme gilt, wenn bereits eine **Konkretisierung auf die gestohlenen 50 €** eingetreten war.
Da Geldschulden – wie dargelegt – wie Gattungsschulden zu beachten sind, könnte **§ 243 Abs. 2 analog** anwendbar sein.

§ 270 ist lex specialis

Eine Analogie setzt eine planwidrige Regelungslücke sowie die Vergleichbarkeit des geregelten mit dem nicht geregelten Fall voraus. An der Regelungslücke fehlt es jedoch wegen **§ 270 Abs. 1**, wonach der Schuldner die Leistungsgefahr bis zu dem Augenblick trägt, in dem der Gläubiger das Geld in Empfang nimmt.

Aber § 300 Abs. 2 analog bei Gläubigerverzug

4. Allerdings ist **beim Gläubigerverzug für die Geldschuld der Rechtsnachteil des Übergangs der Leistungsgefahr auf den Gläubiger (der Geldschuld) ebenso wie bei der Gattungsschuld** anzusetzen. **§ 300 Abs. 2** ist also **analog** anzuwenden. Die Leistungsgefahr ist somit auf V übergegangen, d.h. der K wird mit dem Diebstahl des 50-€-Scheins von seiner Leistungspflicht frei.
Ergebnis: Der Anspruch des V auf Kaufpreiszahlung nach § 433 Abs. 2 ist gemäß § 275 Abs. 1 erloschen.

b) Unmöglichkeit bei Überschreiten der Leistungszeit (absolutes Fixgeschäft)

Unmöglichkeit stellt ein dauerhaftes, hingegen Ausbleiben der Leistung ein vorübergehendes Leistungshindernis dar. Ob das Leistungshindernis dauerhaft oder nur vorübergehend ist, hängt davon ab, ob die Erbringung der Leistung **nachholbar** ist.

Grundsatz: Überschreiten der Leistungszeit führt zum Ausbleiben

aa) Grundsätzlich tritt **mit Überschreiten der vereinbarten Leistungszeit nur Ausbleiben der Leistung** (bzw. unter den Voraussetzungen des § 286 auch Verzug!) ein, da die Leistung noch nachholbar ist.

Ausnahme: Unmöglichkeit durch Überschreiten der Leistungszeit beim absoluten Fixgeschäft

bb) Anders verhält es sich jedoch, wenn die Einhaltung der Leistungszeit so wesentlich ist, dass die verspätete Leistung keine Erfüllung mehr darstellt, weil es auf die Minute oder Stunde ankommt, **absolutes Fixgeschäft**.

Beispiele:

Hochzeitstorte für 15.00 Uhr bestellt und erst am nächsten Tag geliefert.

Taxi zur letzten Fähre, die um 19.50 Uhr ablegt, um die Mosel zu überqueren.

Das absolute Fixgeschäft ist nicht ausdrücklich geregelt. Es ist vielmehr ein **Fall der tatsächlichen Unmöglichkeit nach § 275 Abs. 1** wegen objektiver Sinnlosigkeit gegeben!

Abgrenzung zum relativen Fixgeschäft

!

Hinweis: *Geregelt ist hingegen das* ***relative Fixgeschäft*** *(§ 323 Abs. 2 Nr. 2 BGB bzw. für Kaufleute § 376 HGB). Wie § 323 zeigt, handelt es sich nicht um einen Fall der Unmöglichkeit (weil dann § 326 Abs. 5 gelten müsste). Ein relatives Fixgeschäft liegt vor, wenn eine Fristvereinbarung getroffen wird, aus der hervorgeht, dass das Geschäft mit Einhaltung der Frist „steht und fällt".* ***Anders als beim absoluten Fixgeschäft*** *ist die* ***Leistung*** *hier aber durchaus innerhalb eines gewissen Erfüllungszeitraums objektiv* ***noch möglich und nachholbar****, jedoch für den Gläubiger (subjektiv) sinnlos. Indiz für das Vorliegen eines solchen relativen Fixgeschäfts ist die Verwendung von Klauseln wie „fix, genau, präzise, prompt". Stets muss aber der Gläubiger dem Schuldner klar gemacht haben, dass nach Überschreiten des Zeitraums das Leistungsinteresse des Gläubigers entfallen ist!*

Fazit: *Das* ***Überschreiten der Leistungszeit*** *führt*

- *beim* ***absoluten Fixgeschäft zur Unmöglichkeit****,*
- *beim* ***relativen Fixgeschäft zum Ausbleiben der Leistung***

2. Praktische Unmöglichkeit, § 275 Abs. 2

§ 275 Abs. 2 erfasst die sog. **faktische Unmöglichkeit**. Diese liegt dann vor, wenn die Erbringung der Leistung zwar tatsächlich möglich ist (§ 275 Abs. 1 daher also nicht einschlägig ist), allerdings mit ganz erheblichen Aufwendungen und Anstrengungen verbunden ist, die kein vernünftiger Gläubiger vom Schuldner ernsthaft erwarten kann. Erforderlich ist insoweit, dass ein **grobes Missverhältnis zwischen Aufwand und Gläubigerinteresse** besteht.

Musterbeispiel ist der „Ring am Seegrund": Beim Transport über den Bodensee fällt dem Juwelier der Ring über Bord und liegt auf dem Grund des Sees.

Eine Bergung ist zwar technisch möglich. Zwischen Bergungsaufwand und Käuferinteresse besteht jedoch ein grobes Missverhältnis. Der Verkäufer kann daher die Einrede aus § 275 Abs. 2 erheben.

Die Voraussetzung des „groben Missverhältnisses" i.S.d. § 275 Abs. 2 ist eng auszulegen und nur in Ausnahmefällen anzunehmen. Hierbei ist § 275 Abs. 2 S. 2 zu beachten: Die Frage, ob der Schuldner das Leistungshindernis zu vertreten hat, ist in die Abwägung mit einzubeziehen! Hat der Schuldner das Leistungshindernis zu vertreten (gemäß § 276 oder § 278), wirkt sich dieser Umstand im Rahmen der Verhältnismäßigkeitsprüfung nach § 275 Abs. 2 S. 1 zu seinen Lasten aus.

!

Klausurtipp: *Anders als bei § 275 Abs. 1 entfällt der Primäranspruch daher nicht automatisch, vielmehr muss sich der Schuldner auf die Einrede des § 275 Abs. 2 berufen (was im Sachverhalt der Klausur stehen muss).*

3. Persönliche Unmöglichkeit (§ 275 Abs. 3)

Persönliche Unmöglichkeit, § 275 Abs. 3

„Persönliche Unmöglichkeit" i.S.d. § 275 Abs. 3 liegt vor, wenn die Leistung, die der Schuldner persönlich zu erbringen hat, zwar praktisch möglich ist, ihm aber die Leistungserbringung unter Abwägung des Hindernisses mit dem Leistungsinteresse des Gläubigers nicht zumutbar ist.

Musterbeispiel ist der Fall der Opernsängerin:

Eine allein erziehende angestellte Sängerin will nicht auftreten, weil ihr kleines Kind lebensgefährlich erkrankt ist.

Die Leistung ist tatsächlich der Sängerin nicht nach § 275 Abs.1 unmöglich. Allerdings ist die Sängerin aus persönlichen Gründen verhindert. Sie kann die Einrede aus § 275 Abs. 3 erheben und damit die Leistung verweigern. (Ihr Lohnanspruch würde an sich gemäß § 326 Abs. 1 untergehen, bleibt aber aufgrund der Sondervorschrift des § 616 aus sozialen Erwägungen dennoch bestehen!)

4. Abgrenzung faktische Unmöglichkeit zur Störung der Geschäftsgrundlage

Abgrenzung zur Störung der Geschäftsgrundlage

Nach h.M. wird hingegen der Fall der sog. **„wirtschaftlichen Unmöglichkeit"** von der Regelung des **§ 275 Abs. 2 nicht** erfasst. Bei wirtschaftlicher Unmöglichkeit ist für den Schuldner aufgrund nachträglicher Umstände (z.B. Kriegsereignisse) die Leistungserbringung derart erschwert, dass ihm die Erfüllung nach Treu und Glauben nicht mehr zugemutet werden kann. Dann ist über **Störung der Geschäftsgrundlage** § 313 zu lösen. Anders als bei der Einrede nach § 275 Abs. 2 ist die Rechtsfolge bei § 313 Abs. 1 grundsätzlich die Vertragsanpassung (genauer dazu ab S. 86).

! ***Klausurtipp:*** *Die Abgrenzung § 275 Abs. 2 zu § 313 ist im Einzelfall schwierig. Bei entsprechender Begründung lassen sich in der Regel beide Lösungsansätze vertreten. (Zur Störung der Geschäftsgrundlage noch später* *S. 85 ff.**)*

Nachdem Sie jetzt mit den **Fallgruppen der Unmöglichkeit** vertraut sind, wollen wir die **Auswirkungen in der Fallprüfung** besprechen.

III. Auswirkungen in der Fallprüfung

Können Sie sich noch an die drei Fragen der typischen Unmöglichkeitsklausur erinnern, die wir Ihnen zu Beginn vorgestellt haben? Genau diese drei Fragen haben wir jetzt zu beantworten. Wir werden uns bei der Einordnung dieser typischen Klausurprobleme an dem grundlegenden Aufbauschema – (I) Anspruch entstanden, (II) Anspruch erloschen, (III) Anspruch durchsetzbar – orientieren.

1. Auswirkungen auf die Leistungspflicht des Schuldners

a) Ist **§ 275 Abs. 1** (tatsächliche bzw. rechtliche Unmöglichkeit) einschlägig, so ist für die Einordnung wie folgt zu unterscheiden:

- Bei **anfänglicher Unmöglichkeit** entsteht der Anspruch des Gläubigers erst gar nicht. § 275 Abs. 1 ist dann unter „Anspruch entstanden" als rechtshindernde Einwendung einzuordnen.
- Bei **nachträglicher Unmöglichkeit** ist der Anspruch des Gläubigers entstanden, sofern keine anderen Wirksamkeitshindernisse (z.B. §§ 105 Abs. 1, 108 Abs. 1, 125, 134, 138 etc.) entgegenstehen. § 275 Abs. 1 ist in diesem Fall unter „Anspruch erloschen" als rechtsvernichtende Einwendung in Ansatz zu bringen.

b) § 275 Abs. 2 bzw. 3 (praktische bzw. persönliche Unmöglichkeit) müssen als Leistungsverweigerungsrechte i.S.e. Einrede vonseiten des Schuldners erhoben werden. Da hierdurch der Anspruch entfällt, sind sie nach h.M. auch bei „Anspruch erloschen" zu prüfen und nicht wie sonst die Einreden erst bei „Anspruch durchsetzbar" (str.).

2. Auswirkungen auf die Gegenleistungspflicht des Gläubigers beim gegenseitigen Vertrag

a) Automatisches Erlöschen kraft Gesetzes

aa) Der Grundsatz des § 326 Abs. 1 S. 1 Hs. 1

§ 326 Abs. 1 S. 1 Hs. 1 regelt das **Schicksal der Gegenleistung**, wenn der Schuldner wegen Unmöglichkeit nach § 275 Abs. 1–3 von der Leistungspflicht befreit ist: Der Anspruch auf die Gegenleistung entfällt kraft Gesetzes. § 326 Abs. 1 S. 1 Hs. 1 regelt somit die sog. **Gegenleistungsgefahr (= Preisgefahr)**.

- Untergang der Leistung gemäß § 275
- Untergang der Gegenleistung gemäß § 326 Abs. 1

Der Grundsatz des § 326 Abs. 1 lautet: **Ohne Leistung keine Gegenleistung!** Der Schuldner (der unmöglich gewordenen Leistung) trägt somit grundsätzlich die Gegenleistungsgefahr (Preisgefahr).

Dies basiert auf dem Gedanken, dass bei einem gegenseitigen Vertrag Leistung und Gegenleistung in einem Austauschverhältnis stehen (sog. **Synallagma**).

Klausurtaktische Hinweise: !

- *In Klausuren wird oft die Anwendung des § 275 (Ausschluss bzw. Erlöschen der Leistungspflicht) mit der des § 326 (Ausschluss bzw. Erlöschen der Gegenleistungspflicht) durcheinander gebracht.*
- *Das kann Ihnen nicht passieren, wenn Sie sich folgende Vorgehensweise aneignen: Sie haben eine Anspruchsgrundlage (je nach Aufgabenstellung entweder bzgl. der unmöglich gewordenen Leistung oder der Gegenleistung) gefunden, bei der Sie wegen der Unmöglichkeit der Leistung eine Gegennorm (§ 275 oder § 326) ansetzen wollen. Stellen Sie sich die Frage: Welche Leistung ist unmöglich? Ist genau die Leistung unmöglich, auf die sich die Anspruchsgrundlage bezieht, dann ist § 275 als Gegennorm in Ansatz zu bringen. Ist hingegen die andere Leistung unmöglich, dann ist § 326 Abs. 1 S. 1 Hs. 1 die richtige Gegennorm!*
- *In der Klausur ist im Regelfall damit zu rechnen, dass im Rahmen der bei § 326 Abs. 1 inzident vorzunehmenden Prüfung des § 275 Probleme zum Vorliegen der Unmöglichkeit eingebaut werden (vgl. dazu oben insbesondere die Darstellung der § 243 Abs. 2 und § 300 Abs. 2 bei Gattungs- und Geldschuld!) und von Ihnen daher in diesem Zusammenhang erörtert werden müssen.*

bb) Ausnahmen zu § 326 Abs. 1 S. 1

Der Anspruch auf die Gegenleistung **bleibt ausnahmsweise bestehen**, wenn die **Gegenleistungsgefahr (Preisgefahr) auf den Gläubiger (der unmöglich gewordenen Leistung) übergegangen** ist. Dies bedeutet, dass der Gläubiger seine Gegenleistung erbringen muss, obwohl der Schuldner von seiner Leistungspflicht gemäß § 275 frei geworden ist. Ein solcher **Übergang der Gegenleistungsgefahr** ergibt sich aus:

- § 326 Abs. 2 u. 3
- §§ 446, 447 (Kaufrecht)
- §§ 644, 645 (Werkrecht)

Im Verlauf Ihres Studiums werden Sie im Arbeitsrecht als weitere Ausnahmen § 615, die Grundsätze der Betriebsrisikolehre, § 616, § 3 Entgeltfortzahlungsgesetz und § 1 Bundesurlaubsgesetz kennen lernen.

Regelung des § 326 Abs. 2 S. 1 Var. 1

(1) Die Regelung des § 326 Abs. 2 S. 1 Var. 1

Der Anspruch auf die Gegenleistung bleibt bestehen, wenn **der Gläubiger (der unmöglich gewordenen Leistung) allein oder weit überwiegend für die Leistungsbefreiung des Schuldners nach § 275 verantwortlich** ist. „Weit überwiegend" meint dabei solche Fälle, bei denen ein Schadensersatzanspruch des Gläubigers nicht nur nach § 254 gekürzt würde, sondern ganz entfiele.

Beispiel: Der Galerist V verkauft K ein wertvolles Bild. Das Bild wird vor der Übergabe dadurch zerstört, dass es die Treppe in der Galerie des V hinunterfällt. Insoweit trifft den K ein Verschulden i.H.v. 70%, den V i.H.v. 30%. Hat V gegen K einen Anspruch auf Kaufpreiszahlung?

Der Anspruch auf Kaufpreiszahlung des V gegen K könnte sich aus **§ 433 Abs. 2** ergeben.

Anspruch entstanden

I. Anspruch entstanden: Der Anspruch aus § 433 Abs. 2 ist mit Abschluss des Kaufvertrags entstanden.

II. Anspruch erloschen:

Grundsatz: Erlöschen der Gegenleistungspflicht nach § 326 Abs. 1 S. 1

1. Der Anspruch könnte jedoch nach dem **Grundsatz des § 326 Abs. 1 S. 1 Hs. 1** erloschen sein. Die Voraussetzungen des § 326 Abs. 1 – gegenseitiger Vertrag und Befreiung des V von seiner Leistungspflicht aus § 433 Abs. 1 S. 1 nach § 275 Abs. 1 – sind hier gegeben.

Ausnahme: Bestehenbleiben der Gegenleistungspflicht nach § 326 Abs. 2 S. 1 Var. 1

2. Die **Ausnahme des § 326 Abs. 2 S. 1 Var. 1,** wonach der Anspruch auf die Gegenleistung (hier die Kaufpreiszahlung) bestehen bliebe, setzt voraus, dass der Gläubiger der unmöglichen Leistung, hier also K, für die Unmöglichkeit „weit überwiegend" verantwortlich ist. Dies erfordert ein ganz überwiegendes Mitverschulden, also mehr als 90%. Damit greift hier die Ausnahmevorschrift nicht.

Ergebnis: Der Anspruch des V gegen K aus § 433 Abs. 2 ist somit erloschen.

Die §§ 276–278 beziehen sich dem Wortlaut nach auf die Verantwortlichkeit **des Schuldners**, nicht des Gläubigers. Die Verantwortlichkeit des Gläubigers ist gesetzlich nicht geregelt (in der Klausur müssen Sie diesen Umstand erwähnen!).

Fallgruppen für die Verantwortlichkeit des Gläubigers

Die **h.M.** hat jedoch **für die Verantwortlichkeit des Gläubigers** folgende **Fallgruppen** herausgebildet:

Verletzung von Verhaltenspflichten

- Bei **Verletzung von Verhaltenspflichten** gelten die §§ 276 bis 278 analog.

  Beispiel: V verkauft K eine wertvolle Kristallvase (Unikat). K lässt die Vase vor der Übereignung aus Fahrlässigkeit die Treppe des Geschäfts hinunterfallen, wodurch die Vase völlig zerstört wird. Hat V gegen K einen Anspruch auf Kaufpreiszahlung?

  I. Der Kaufpreisanspruch aus § 433 Abs. 2 ist mit Abschluss des Kaufvertrags entstanden.
  II. Der Anspruch könnte jedoch erloschen sein:
  1. Der Anspruch könnte nach dem Grundsatz des § 326 Abs. 1 S. 1 Hs. 1 erloschen sein. Die Voraussetzungen – gegenseitiger Vertrag und Befreiung des V von seiner Leistungspflicht aus § 433 Abs. 1 S. 1 nach § 275 Abs. 1 – sind an sich gegeben.
  2. Jedoch ist als Ausnahme § 326 Abs. 2 S. 1 Var. 1 einschlägig, da der Gläubiger der unmöglich gewordenen Leistung (hier: der K!) für die Unmöglichkeit allein verantwortlich ist (§ 276 Abs. 1 analog!). Das bedeutet, dass ausnahmsweise der Anspruch auf die Gegenleistung (hier: auf den Kaufpreis) bestehen bleibt.
  Ergebnis: Der Kaufpreisanspruch des V aus § 433 Abs. 2 ist gegeben.

- Schließlich hat der Gläubiger die Unmöglichkeit zu vertreten, wenn er **vertraglich das Risiko für den Nichteintritt des Leistungshindernisses übernommen** hatte, z.B. durch Garantie, vgl. § 276 Abs. 1 Hs. 2.

(2) Die Regelung des § 326 Abs. 2 S. 1 Var. 2

Regelung des § 326 Abs. 2 S. 1 Var. 2

Der Anspruch auf die Gegenleistung bleibt – als Ausnahme zu § 326 Abs. 1 S. 1 – nach § 326 Abs. 2 S. 1 Var. 2 bestehen,

- wenn sich der Gläubiger bei Eintritt der Unmöglichkeit im Annahmeverzug befindet, §§ 293 ff.,

- und der Schuldner den zur Unmöglichkeit führenden Umstand nicht zu vertreten hat. Wegen des Gläubigerverzugs ist der (für den Schuldner mildere) Haftungsmaßstab des § 300 Abs. 1 (Vorsatz bzw. grobe Fahrlässigkeit) einschlägig. Notieren Sie sich daher „§ 300 Abs. 1" über „vom Schuldner nicht zu vertretende ..." in § 326 Abs. 2 S. 1 Var. 2!

Beispiel: V verkauft K die wertvolle Zuchtstute „Wind". K holt das Pferd nicht wie vereinbart am 10.06. ab. Daraufhin fordert ihn V zum Abholen auf. Am 15.06. wird das Pferd dem V von einem nicht zu ermittelnden Dieb gestohlen. V trifft hinsichtlich des Diebstahls leichte Fahrlässigkeit. Hat V gegen K einen Anspruch auf Kaufpreiszahlung?

Der Anspruch auf Kaufpreiszahlung des V könnte sich aus **§ 433 Abs. 2** ergeben.

Anspruch entstanden

I. Anspruch entstanden: Der Anspruch aus § 433 Abs. 2 ist mit Abschluss des Kaufvertrags entstanden.

II. Anspruch erloschen:

Grundsatz: Erlöschen der Gegenleistungspflicht nach § 326 Abs. 1 S. 1

1. Der Anspruch könnte aber nach dem **Grundsatz des § 326 Abs. 1 S. 1 Hs. 1** erloschen sein. Die Voraussetzungen – gegenseitiger Vertrag und Befreiung des V von seiner Leistungspflicht aus § 433 Abs. 1 S. 1 wegen (subjektiver) Unmöglichkeit nach § 275 Abs. 1 – sind gegeben.

Ausnahme: Bestehenbleiben der Gegenleistungspflicht nach § 326 Abs. 2 S. 1 Var. 2

2. Jedoch ist als **Ausnahme § 326 Abs. 2 S. 1 Var. 2** einschlägig, da sich K bei Eintritt der Unmöglichkeit durch den Diebstahl im Gläubigerverzug nach §§ 293 ff. befunden und der V die Unmöglichkeit – gemessen am Haftungsmaßstab des § 300 Abs. 1 – nicht zu vertreten hat. Das bedeutet, dass der Anspruch auf die Gegenleistung (hier: auf den Kaufpreis) ausnahmsweise bestehen bleibt.

Ergebnis: Der Anspruch des V aus § 433 Abs. 2 ist gegeben.

(3) Die Regelung des § 326 Abs. 3

Sofern der Gläubiger (= Käufer) gemäß § 285 Abs. 1 vom Schuldner das infolge der Unmöglichkeit erlangte Surrogat („stellvertretendes commodum") herausverlangt, bleibt er gemäß § 326 Abs. 3 zur Gegenleistung verpflichtet. Grund: Der Gläubiger soll sich nicht durch § 285 bereichern. (Genauer noch zu § 285 später.) ⇨ Notieren Sie sich bei § 285 den § 326 Abs. 3.

Regelung des § 446 S. 1

(4) Die Regelung des § 446 S. 1

Mit der **Übergabe** der verkauften Sache **geht nach § 446 S. 1 die Gegenleistungsgefahr vom Verkäufer auf den Käufer über**, d.h. der Käufer muss den Kaufpreis bezahlen, selbst wenn er wegen eines Untergangs der Kaufsache niemals das Eigentum an der Sache erwirbt.

Der **Grund** liegt darin, dass die Sache in den Herrschaftsbereich des Käufers übergegangen ist. Der Verkäufer hat auf diese Sphäre des Käufers keinen Einfluss mehr.

Beispiel: V verkauft an K einen neuen Pkw unter Eigentumsvorbehalt (vgl. § 449). Nach der Übergabe, aber vor Zahlung der letzten Kaufpreisrate wird das Fahrzeug ohne Verschulden des K völlig zerstört. V verlangt von K Zahlung des restlichen Kaufpreises. Zu Recht?

Der Anspruch des V könnte sich aus **§ 433 Abs. 2** ergeben.
I. Anspruch entstanden: Der Anspruch aus § 433 Abs. 2 ist mit Abschluss des Kaufvertrags entstanden.
II. Anspruch erloschen:
1. Der Anspruch könnte aber nach dem **Grundsatz des § 326 Abs. 1 S. 1 Hs. 1** erloschen sein. Die Voraussetzungen – gegenseitiger Vertrag und Befreiung des V von seiner Leistungspflicht aus § 433 Abs. 1 S. 1 nach § 275 Abs. 1 – sind gegeben.

Grundsatz: Erlöschen der Gegenleistungspflicht nach § 326 Abs. 1 S. 1

2. Jedoch ist als **Ausnahme § 446 S. 1** einschlägig, da der Pkw dem K bereits übergeben worden und damit die Preisgefahr auf den K übergegangen war.

Ausnahme: § 446 S. 1

Ergebnis: Der Zahlungsanspruch des V aus § 433 Abs. 2 ist gegeben.

Anmerkung: *§ 446 S. 3 stellt klar, dass der Käufer die (Gegenleistungs-, Preis-)Gefahr auch dann trägt, wenn er mit der Annahme im Verzug ist! Die Regelung des § 446 S. 3 hat insofern nur deklaratorische Bedeutung, da dieser Fall bereits über § 326 Abs. 2 S. 1 Var. 2 erfasst ist (s.o.)!*

!

(5) Die Regelung des § 447 Abs. 1

Die Vorschrift des **§ 447 Abs. 1 regelt den Übergang der Preisgefahr auf den Gläubiger = Käufer beim Versendungskauf**. Zu beachten ist, dass § 447 nur für Schickschulden gilt (d.h. der Leistungsort [= Erfüllungsort] befindet sich beim Schuldner [= Verkäufer], der Erfolgsort beim Gläubiger). Bei einer Bringschuld findet hingegen § 447 keine Anwendung, da der Schuldner = Verkäufer als Bringender generell das Risiko trägt.

*Zu beachten ist, dass bei einem **Verbrauchsgüterkauf** i.S.v. § 474 **gemäß § 475 Abs. 2** die Gefahrtragungsregel des § 447 grundsätzlich nicht anwendbar ist, es sei denn, der Verbraucher hat die Tranportperson selbst beauftragt und der Käufer hat diese nicht zuvor benannt.*

!

Aufbauschema zu § 447 Abs. 1

I. Wirksamer Kaufvertrag, § 433
- bei Verbrauchsgüterkauf: Besonderheiten des § 475 Abs. 2!

II. Versendung nach einem anderen Ort als dem Erfüllungsort
- = Schickschuld; nicht Bringschuld!

III. Versendung erfolgt **auf Verlangen des Käufers**

IV. Übergabe an die Transportperson

V. Zufälliger Untergang/Verschlechterung der Kaufsache
- also nicht vom Verkäufer zu vertreten, §§ 276, 278
- Transportperson nicht gemäß § 278 zurechenbar, da Transport bei Schickschuld nicht zum Pflichtenkreis des Verkäufers gehört
- Ausnahme: Wenn Verkäufer eigene Leute zum Transport einsetzt (h.M.)

VI. Realisierung einer typischen Transportgefahr
- Es muss sich ein Risiko verwirklicht haben, das gerade mit dem Transport zusammenhängt (z.B. Unfall; Verlust der Ware durch Transportdiebstahl)

Der **Grund** für den Übergang der Preisgefahr bei § 447 Abs. 1 liegt darin, dass der Verkäufer die Sache auf Verlangen des Käufers an eine Versandperson übergeben und damit die Herrschaft über die Sache verloren hat, weshalb der Käufer (auf dessen Verlangen schließlich der Transport erfolgt!) das Risiko des Untergangs oder der Verschlechterung tragen soll.

Beispiel: V aus München verkauft an den Unternehmer K aus Hamburg eine für diesen hergestellte Spiegelwand. Auf Bitten des K übergibt V den Spiegel dem S zum Transport. Auf dem Transport wird der Spiegel bei einem von S fahrlässig verursachten Verkehrsunfall völlig zerstört. V verlangt von K Zahlung des vereinbarten Preises. Zu Recht?

Unterscheide:
- Kaufvertrag: Gemäß § 433 Abs. 1 nur Lieferpflicht, da Sache fertig
- Werklieferungsvertrag: Erst bewegliche Sache herstellen, dann liefern (im Übrigen verweist § 650 dann wieder auf Kaufrecht)

Der Zahlungsanspruch des V könnte sich aus § 650 i.V.m. **§ 433 Abs. 2** ergeben.
I. Anspruch entstanden: Der Anspruch aus § 650 i.V.m. § 433 Abs. 2 ist mit Abschluss des Werklieferungsvertrags entstanden.
II. Anspruch erloschen:
1. Der Anspruch könnte aber nach dem **Grundsatz des § 326 Abs. 1 S. 1 Hs. 1** erloschen sein. Die Voraussetzungen – gegenseitiger Vertrag und Befreiung des V von seiner Leistungspflicht aus § 433 Abs. 1 S. 1 wegen Unmöglichkeit nach § 275 Abs. 1 – sind gegeben.
2. Jedoch ist als **Ausnahme § 447 Abs. 1** einschlägig: Auf Verlangen des K ist der Spiegel nach Hamburg – und damit nach einem anderen Ort als dem Erfüllungsort (Leistungsort), der bei der hier gegebenen Schickschuld beim Schuld-

ner V, also in München liegt! – versandt worden. Eine Auslieferung an S ist erfolgt. Das Verschulden des S ist dem V auch nicht zuzurechnen, da S nicht gemäß § 278 als sein Erfüllungsgehilfe eingeordnet werden kann, sodass ein zufälliger Untergang des Spiegels vorliegt. Mit dem Verkehrsunfall realisiert sich eine typische Transportgefahr. Die Preisgefahr ist somit gemäß § 447 Abs. 1 auf K übergegangen.

Mit dem Verkehrsunfall trägt der Käufer das „rollende Risiko"

Ergebnis: Der Zahlungsanspruch des V aus § 650 i.V.m. § 433 Abs. 2 ist gegeben.

Abwandlung: Ändert sich an der Falllösung etwas, wenn V Unternehmer und K Verbraucher ist? Lesen Sie hierzu §§ 474, 475.

I. Ist der Käufer einer beweglichen Sache Verbraucher i.S.d. § 13 und der Verkäufer Unternehmer i.S.d. § 14, liegt ein Verbrauchsgüterkauf vor, § 474 Abs. 1. Gemäß § 650 S. 1 gilt dies auch für den Werklieferungsvertrag. Nach **§ 475 Abs. 2** findet **§ 447 Abs. 1** dann grundsätzlich **keine Anwendung**, es sei denn, der Käufer bestimmt die Liefermodalitäten vollständig selbst.

II. Der Grund für die Regelung des § 475 Abs. 2 liegt darin, dass der Unternehmer über die Art der Beförderung entscheiden, den Beförderer auswählen und vor allem das Beförderungsrisiko versichern kann. Schließlich ist das besondere „Verlangen des Käufers" i.S.d. § 447 Abs. 1 jedenfalls beim Kauf durch einen Verbraucher oftmals reine Fiktion. Daher soll der Verbraucher geschützt sein.

Beim Verbrauchsgüterkauf trägt der Verkäufer das „rollende Risiko"

Ergebnis: Da hier somit § 447 Abs. 1 unanwendbar ist, ist der Zahlungsanspruch gemäß § 326 Abs. 1 untergegangen.

b) Erlöschen durch Rücktritt des Gläubigers bei Teilunmöglichkeit (§ 326 Abs. 5 i.V.m. § 323 Abs. 5 S. 1)

Nach § 326 Abs. 5 hat der Gläubiger im Falle der Leistungsbefreiung des Schuldners wegen Unmöglichkeit nach § 275 Abs. 1 bis 3 ein Rücktrittsrecht.

Auf den ersten Blick erscheint jedoch ein Rücktrittsrecht überflüssig: Schließlich erlischt nach § 326 Abs. 1 S. 1 Hs. 1 der Gegenleistungsanspruch **kraft Gesetzes, ohne dass es hierzu einer Erklärung des Gläubigers bedarf**.

Das Rücktrittsrecht aus § 326 Abs. 5 macht für den Gläubiger aber dann einen Sinn, wenn dem Schuldner die Leistung lediglich **teilweise unmöglich** ist, also **Teilunmöglichkeit** vorliegt. In diesem Fall erlischt nämlich nach § 326 Abs. 1 S. 1 Hs. 1 der Gegenleistungsanspruch kraft Gesetzes **nur, „soweit"** eine Leistungsbefreiung des Schuldners nach § 275 eingetreten ist, d.h. eben **nur teilweise** (vgl. auch § 326 Abs. 1 S. 1 Hs. 2). Im Übrigen bleiben Leistungs- und Gegenleistungsanspruch erhalten.

Dem Gläubiger ist aber mit einer Teilerfüllung nicht gedient, wenn er hieran kein Interesse hat. **§ 326 Abs. 5 Hs. 2 i.V.m. § 323 Abs. 5 S. 1** gibt dem Gläubiger daher in diesem Fall die Möglichkeit, vom

gesamten Vertrag zurückzutreten. Der Gläubiger kann also dann den gesamten Vertrag beseitigen.

! ***Hinweis:*** *Der zweite Anwendungsfall des § 326 Abs. 5 betrifft den Fall der* ***Schlechtleistung, wenn die Nacherfüllung (§ 437 Nr. 1) unmöglich ist****, dann kommt Rücktritt gemäß § 437 Nr. 2 Var. 1 i.V.m. § 323 Abs. 5 S. 2 in Betracht.*

- Durch wirksamen Rücktritt gemäß § 326 Abs. 5 entsteht gemäß §§ 346 ff. ein Rückgewährschuldverhältnis, sodass etwaige, schon erbrachte (Teil-)Leistungen zurückzugewähren sind.
- Auch ohne Rücktritt verweist § 326 Abs. 4 in diesem Fall für die Rückgewähr einer bereits erbrachten Gegenleistung auf die §§ 346 ff. Grund: Es soll nicht extra der Rücktritt gemäß § 349 erklärt werden müssen.

Zusammenfassung: Unmöglichkeit der Leistung i.S.d. §§ 275 Abs. 1–3 liegt vor

Gegenleistungspflicht erlischt		**Gegenleistungspflicht bleibt bestehen**	
§ 326 Abs. 1	**§ 326 Abs. 5**	**§ 326 Abs. 2 u. 3**	**§§ 446, 447, 645**
Grundsätzlich **erlischt kraft Gesetzes** die Gegenleistungspflicht.	Bei teilweise UM entfällt die Gegenleistungspflicht gemäß § 326 Abs. 1 S. 1 Hs. 2 nur teilweise. Der Gläubiger kann aber gemäß § 326 Abs. 5 i.V.m. § 323 Abs. 5 S. 1 **zurücktreten**, sodass die **ganze** Gegenleistung entfällt.	Das **Entfallen** der Gegenleistung gemäß § 326 Abs. 1 **tritt nicht ein**, wenn ▪ der Gläubiger für die UM allein/weit überwiegend verantwortlich war, ▪ der Gläubiger im Annahmeverzug war, §§ 293 ff., ▪ der Gläubiger nach § 285 das Surrogat der unmöglich gewordenen Leistung verlangt.	§ 326 wird durch Spezialregeln zum **Übergang der Preisgefahr** verdrängt. **Achtung:** Beim Verbrauchsgüterkauf gilt gemäß § 475 Abs. 2 die Regelung des § 447 Abs. 1 grundsätzlich **nicht**.

3. Sekundäransprüche des Gläubigers bei Unmöglichkeit

§ 275 Abs. 4 verweist im Falle einer Leistungsbefreiung des Schuldners nach § 275 Abs. 1–3 auf die Sekundärleistungsansprüche der §§ 280, 283 bis 285, § 311 a und § 326. Im Einzelnen sind dies:

- Schadensersatz statt der Leistung, §§ 280 Abs. 1, Abs. 3, 283 bzw. § 311 a Abs. 2 S. 1

- Aufwendungsersatz, § 284
- Rückgewähransprüche, § 326 Abs. 4, 5 i.V.m. §§ 346 ff.
- Stellvertretendes Commodum, § 285

a) Ersatzansprüche bei anfänglicher Unmöglichkeit, § 311 a Abs. 2

Aufbauschema: Schadensersatz aus § 311 a Abs. 2

1. **Wirksamer Vertrag** (vgl. § 311 a Abs. 1)
2. **Anfängliche Unmöglichkeit der Leistung**
   - Unmöglichkeit, § 275 Abs. 1–3
   - schon bei Vertragsschluss
3. **Vertretenmüssen wird vermutet**
   - keine Exkulpation des Schuldners, § 311 a Abs. 2 S. 2
4. **Rechtsfolge**
   a) **Schadensersatz statt der Leistung**
      - Schaden = unfreiwilliges Vermögensopfer

   b) **oder Ersatz nutzloser Aufwendungen, § 284**
      - Aufwendung = freiwilliges Vermögensopfer

- Während **§ 311 a Abs. 1 nur noch einmal klarstellt, dass der Vertrag** auch bei anfänglicher Unmöglichkeit **wirksam ist**, stellt § 311 a Abs. 2 die Anspruchsgrundlage auf Schadensersatz bzw. i.V.m. § 284 auf Aufwendungsersatz dar.
- **Anfängliche Unmöglichkeit** bedeutet, dass das Leistungshindernis bereits bei Vertragsschluss vorlag und nicht behebbar war.
- Aus dem Wortlaut des § 311 a Abs. 2 S. 2 „Dies gilt nicht ..." folgt, dass (genauso wie bei § 280 Abs. 1 S. 2) ein Vertretenmüssen des Schuldners **vermutet** wird.

Der Schuldner muss also beweisen, dass er das Leistungshindernis bei Vertragsschluss nicht kannte und seine Unkenntnis auch nicht zu vertreten hat i.S.v. §§ 276, 278.

Beispiel: V verkauft an K seinen gebrauchten Porsche Boxster für 30.000 €. 5 Minuten vor Vertragsschluss verursacht D einen Verkehrsunfall und fährt hierbei mit voller Wucht in den Porsche des V, den dieser 10 Minuten zuvor ordnungsgemäß und unversehrt am Straßenrand abgestellt hatte. Von dem Unfall, durch den der Porsche völlig zerstört wird, konnte V daher im Zeitpunkt des Vertragsschlusses nichts wissen. Wie ist die Rechtslage, wenn K das Kfz für 40.000 € hätte weiterverkaufen können?

! ***Hinweis:*** *Ist wie hier nach der Rechtslage gefragt, stellen sich die in der Einleitung genannten drei typischen Fragen: die Frage der Auswirkung auf die Leistungspflicht des Schuldners (hier: V) und die Gegenleistungspflicht des Gläubigers (hier: K) sowie die Frage nach Sekundäransprüchen des Gläubigers (hier: Schadensersatz)!*

Leistungspflicht ausgeschlossen, § 275 Abs. 1

I. Der Anspruch des K gegen V auf Übergabe und Übereignung des Porsches aus § 433 Abs. 1 S. 1 ist aufgrund der Zerstörung des Porsches (Stückkauf!) nach § 275 Abs. 1 (objektive anfängliche Unmöglichkeit) ausgeschlossen.

Gegenleistungspflicht ausgeschlossen, § 326 Abs. 1

II. Der Anspruch des V gegen K auf Kaufpreiszahlung nach § 433 Abs. 2 ist nach § 326 Abs. 1 S. 1 Hs. 1 entfallen. Ausnahmen gemäß §§ 326 Abs. 2, 446, 447 bestehen nicht.

Sekundäranspruch des Gläubigers K nach § 311 a Abs. 2

III. K könnte gegen V einen Schadensersatzanspruch nach § 311 a Abs. 2 S. 1 haben.

1. Zwischen V und K bestand ein wirksamer Kaufvertrag. Daran ändert auch die Zerstörung des Porsches vor Vertragsschluss (anfängliche objektive Unmöglichkeit, § 275 Abs. 1) nichts, § 311 a Abs. 1.

2. Die Leistung ist wegen anfänglicher Unmöglichkeit nach § 275 Abs. 1 ausgeschlossen (s.o.). Die Unmöglichkeit bestand auch bereits zum Zeitpunkt des Vertragsschlusses.

3. Das Verschulden des V wird nach § 311 a Abs. 2 S. 2 gesetzlich vermutet. V müsste sich also exkulpieren. Er kannte das Leistungshindernis bei Vertragsschluss nicht. Noch 10 Minuten vor Vertragsschluss vergewisserte er sich über seine Leistungsfähigkeit. Damit ist die im Verkehr erforderliche Sorgfalt i.S.v. § 276 Abs. 2 eingehalten. Er hat daher seine Unkenntnis vom Leistungshindernis nicht zu vertreten. V kann sich somit exkulpieren.

Ein Schadensersatzanspruch aus § 311 a Abs. 2 ist folglich nicht gegeben.

*Der Schadensersatzanspruch statt der Leistung tritt grundsätzlich **nur insoweit** an die Stelle des Primärleistungsanspruchs, wie dieser leistungsgestört ist. Das bedeutet:*

Bei **teilweiser** Unmöglichkeit kann daher **grundsätzlich nur** Schadensersatz **wegen des leistungsgestörten Teils** verlangt werden – im Übrigen ist hingegen der Vertrag zu erfüllen, sog. **„kleiner Schadensersatz"**.

Ausnahmsweise kann jedoch auch bei Vorliegen lediglich einer **teilweisen** Unmöglichkeit Schadensersatz statt der **ganzen** Leistung verlangt werden, sog. **„großer Schadensersatz"** – jedoch nur unter der zusätzlichen Voraussetzung des § 311 a Abs. 2 S. 3 i.V.m. § 281 Abs. 1 S. 2: Der Gläubiger darf also an der Teilleistung kein Interesse haben.

! ***Hinweis:*** *Der Gläubiger hat in diesem Fall die vom Schuldner empfangene Teilleistung gemäß § 311 a Abs. 2 S. 3 i.V.m. § 281 Abs. 5 nach Rücktrittsregeln zurückzugeben!*

b) Ersatzansprüche bei nachträglicher Unmöglichkeit, §§ 280 Abs. 1, Abs. 3, 283

Aufbauschema:
Schadensersatz aus §§ 280 Abs. 1, Abs. 3, 283

1. **Wirksamer Vertrag**
2. **Nachträgliche Unmöglichkeit**
   - Unmöglichkeit, § 275 Abs. 1–3
   - erst nach Vertragsschluss (sonst § 311 a Abs. 2)
3. **Vertretenmüssen wird vermutet**
   - keine Exkulpation des Schuldners, § 280 Abs. 1 S. 2
4. **Rechtsfolge**
   a) **Schadensersatz statt der Leistung**
      - Schaden = unfreiwilliges Vermögensopfer

   b) **oder Ersatz nutzloser Aufwendungen, § 284**
      - Aufwendung = freiwilliges Vermögensopfer

Im Zusammenhang mit der Rechtsfolge beim Schadensersatzanspruch statt der Leistung bei nachträglicher Unmöglichkeit nach §§ 280 Abs. 1, Abs. 3, 283 ist auf **zwei klausurrelevante Problemkreise** hinzuweisen:

Großer und kleiner Schadensersatz

Auch bei §§ 280 Abs. 1, Abs. 3, 283 S. 1 – wie schon bei §§ 311 a Abs. 2 S. 1 für die anfängliche Unmöglichkeit angemerkt – besteht grundsätzlich ein Schadensersatzanspruch nur, „soweit" die Primärleistungspflicht des Schuldners nach § 275 nicht besteht.

Bei **teilweiser Unmöglichkeit** kann also **grundsätzlich** nur Schadensersatz **wegen des leistungsgestörten Teils** verlangt werden – im Übrigen ist hingegen der Vertrag zu erfüllen, sog. **„kleiner Schadensersatz"**. **Ausnahmsweise** kann jedoch auch bei Vorliegen einer teilweisen Unmöglichkeit Schadensersatz statt der **ganzen** Leistung verlangt werden, sog. **„großer Schadensersatz"** – jedoch nur unter den **zusätzlichen Voraussetzungen der § 283 S. 2 i.V.m. § 281 Abs. 1 S. 2** (kein Interesse des Gläubigers an der Teilleistung).

Hinweis: *Der Gläubiger hat in diesem Fall die vom Schuldner empfangene Teilleistung gemäß §§ 283 S. 2, 281 Abs. 5 nach Rücktrittsregeln zurückzugeben.* !

Austausch- oder Differenzmethode

Berechnungsmethode für den Schadensersatz statt der Leistung (Austausch- oder Differenzmethode)

Problematisch ist, nach welcher Berechnungsmethode der Schadensersatz statt der Leistung zu ermitteln ist. Insoweit werden die sog. **Austauschmethode (= Surrogationsmethode) und** die sog. **Differenzmethode** vertreten.

Beispiel: A tauscht mit B seinen Mercedes A-Klasse (Wert: 20.000 €) gegen den VW Golf des B (Wert: 25.000 €). Nach Vertragsschluss wird der VW zerstört. A verlangt nunmehr von B als Schadensersatz 25.000 € Zug um Zug gegen Übergabe und Übereignung des Mercedes. Zu Recht?

A hat gegen B einen Anspruch auf Schadensersatz statt der Leistung aus § 280 Abs. 1, Abs. 3 i.V.m. § 283.
I. Voraussetzungen: Mit dem Tauschvertrag (§ 480) liegt ein wirksames Schuldverhältnis vor und die Zerstörung des VW führt zu einer nachträglichen Leistungsbefreiung nach § 275 Abs. 1. Das Verschulden des B wird vermutet, eine Exkulpation i.S.v. § 280 Abs. 1 S. 2 liegt nicht vor.
II. Rechtsfolge: Schadensersatz statt der Leistung. Somit ist das Erfüllungsinteresse (= das positive Interesse) zu ersetzen. A kann somit den Schaden ersetzt verlangen, der aus dem endgültigen Ausbleiben der Leistung (= Übereignung und Übergabe des VW durch B) resultiert.
Problematisch ist dabei, ob A von B **25.000 € Zug um Zug gegen Übergabe und Übereignung des Mercedes verlangen** kann oder lediglich **die Wertdifferenz zwischen dem Wert des VW und dem Wert des Mercedes.**

Austauschmethode

1. Nach der sog. **Austauschmethode (= Surrogationsmethode)** tritt an die Stelle der unmöglich gewordenen Leistung ein Wertersatzanspruch in Höhe des Wertes der unmöglich gewordenen Leistung (Wert des VW 25.000 €). Die 25.000 € sind also Surrogat für die unmöglich gewordene Leistung des B und können mit dem Schadensersatzanspruch geltend gemacht werden. Der **Gläubiger** selbst **bleibt** jedoch **zur Erbringung seiner (d.h. der noch möglichen) Gegenleistung** (hier: Übereignung des Mercedes) **verpflichtet**!

(Strenge) Differenzmethode

2. Nach der strengen **Differenzmethode** besteht der Schadensersatzanspruch in Höhe der Differenz von (unmöglicher) Leistung und Gegenleistung, d.h. hier also i.H.v. 5.000 €. Schließlich entfalle ja die **Verpflichtung des Gläubigers, seine (noch mögliche) Gegenleistung zu erbringen** gemäß § 326 Abs. 1.

H.M.: eingeschränkte Differenzmethode

3. Nach der wohl **herrschenden eingeschränkten Differenztheorie** steht dem A ein Wahlrecht zu: Entweder verlangt er 5.000 € (nach der Differenzmethode) oder 25.000 € Zug um Zug gegen Übergabe und Übereignung des Mercedes (nach der Austauschmethode). Begründet wird dies damit, dass § 326 Abs. 1 lediglich eine Schutzvorschrift für den Gläubiger darstelle. Auf diesen Schutz kann er verzichten, wenn er noch ein Interesse daran hat, seine Gegenleistung los zu werden.

!

***Hinweis: Unterschiede** zwischen den Ergebnissen beider Berechnungsmethoden ergeben sich eigentlich nur in den Fällen, in denen es um den **Austausch zweier Sachleistungen** geht, ansonsten gelangen beide Methoden regelmäßig zum gleichen Ergebnis!*

c) Ersatz nutzloser Aufwendungen, § 284

In § 284 heißt es, dass der Gläubiger „Anstelle des Schadensersatzes statt der Leistung ..." Ersatz vergeblicher Aufwendungen verlangen kann. Aufwendungen sind alle freiwilligen Vermögensopfer. Die Formulierung **„Anstelle ..." bedeutet zweierlei:**

- Es müssen für einen Anspruch nach § 284 **alle Tatbestandsvoraussetzungen des Schadensersatzanspruchs statt der Leistung** gegeben sein, also

§ 284 ist keine selbstständige Anspruchsgrundlage!

  - im Falle der anfänglichen Unmöglichkeit die Voraussetzungen des § 311 a Abs. 2,
  - im Falle der nachträglichen Unmöglichkeit die Voraussetzungen der §§ 280 Abs. 1, Abs. 3, 283.

- Aus der Formulierung „anstelle" wird gefolgert, dass der Gläubiger nur entweder Aufwendungsersatz oder Schadensersatz statt der Leistung verlangen kann (Alternativverhältnis). Nach wohl h.M. bezieht sich die **Alternativität** jedoch nur auf den einzelnen Posten, den der Gläubiger nur entweder als Schadensersatz statt der Leistung oder Aufwendung ersetzt verlangen können soll. Hiermit soll eine doppelte Kompensation vermieden werden.

Beispiel: K hatte durch notariellen Kaufvertrag das Grundstück des V gekauft. Dennoch übereignete V das Grundstück an X, weil dieser mehr Geld bot. K verlangt von V entgangenen Gewinn, da er das Grundstück hätte weiterveräußern können sowie Ersatz der Notarkosten, die er bezahlt hat.

- Entgangener Gewinn = Schaden, vgl. § 252, also Schadensersatz aus § 280 Abs. 1, Abs. 3 i.V.m. § 283
- Notar bezahlt = Aufwendungen, also Aufwendungsersatz aus § 284 i.V.m. § 280 Abs. 1, Abs. 3 i.V.m. § 283

d) Anspruch auf das sog. Stellvertretende Commodum, § 285

Aufbauschema: § 285

1. **Schuldverhältnis**
2. **Unmöglichkeit** der Leistung für den Schuldner, **§ 275**
3. **Infolge dessen hat Schuldner ein Surrogat:**
   - Ersatz schon erlangt
   - oder einen Ersatzanspruch gegen Dritte
4. **Rechtsfolge**
   - Schuldner muss den Ersatz an Gläubiger herausgeben
   - bzw. Ersatzanspruch an Gläubiger abtreten

   ⇨ Beachte: Gläubiger muss aber seine Gegenleistung erbringen, § 326 Abs. 3!

Beispiel: K kauft bei V für 10.000 € ein Bild. Das Bild wird nach Vertragsschluss und vor Übergabe völlig zerstört (§ 275 Abs. 1). V erhält von seiner Versicherung als Ersatzleistung für das zerstörte Bild 12.000 €. K verlangt diese 12.000 €. Rechtslage?

I. K hat gegen V aus § 285 Abs. 1 einen Anspruch auf Herausgabe der 12.000 €. Die Ersatzleistung der Versicherung stellt nämlich ein sog. **Stellvertretendes Commodum**, ein **Surrogat** i.S.d. § 285 für die aufgrund der Zerstörung des Bildes eingetretene Befreiung des V nach § 275 Abs. 1, das Bild zu übergeben und zu übereignen (§ 433 Abs. 1 S. 1), dar.
II. K schuldet dann aber – entgegen § 326 Abs. 1 – wieder seine Gegenleistung, den Kaufpreis gemäß § 326 Abs. 3. Da der Kaufpreis aber nur 10.000 € beträgt, bleibt nach Verrechnung der Ansprüche aufgrund Aufrechnung, § 389, noch für K eine Differenz von 2.000 €. Das Stellvertretende Commodum geltend zu machen, macht also nur Sinn, wenn es höher ist als die dann gemäß § 326 Abs. 3 geschuldete Gegenleistung.

B. Das Ausbleiben der Leistung

I. Systematik

Das Ausbleiben der Leistung ist ebenso wie die Unmöglichkeit ein Fall der Nichtleistung: Der Schuldner erbringt die geschuldete Leistung zunächst nicht. Allerdings ist die Leistung noch nachholbar, also noch möglich. Ausbleiben und Unmöglichkeit schließen sich daher – bezogen auf dieselbe Leistungspflicht und denselben Zeitpunkt – gegenseitig aus!

Auch bei Ausbleiben der Leistung stellen sich die drei typischen Fragen:

Drei Fragen bei einem typischen Verzögerungsfall

- Hat der Gläubiger noch einen Anspruch auf die Leistung bzw. welche Auswirkung hat dies auf die Leistungspflicht des Schuldners?
- Hat der Schuldner noch einen Anspruch auf die Gegenleistung?
- Hat der Gläubiger Sekundäransprüche?

Beispiel: V verkauft an K seinen gebrauchten VW Golf. V soll am 10.06. liefern, was er aus Nachlässigkeit versäumt und erst am 15.06. nachholt. K hat sich am 12.06. einen Mietwagen nehmen müssen. Ihm sind hierfür Kosten in Höhe von 100 € entstanden. Wie ist die Rechtslage?

Ausbleiben der Leistung als solche ist kein Untergangsgrund!

I. Sowohl der **Primäranspruch des K aus § 433 Abs. 1 S. 1 als auch der des V aus § 433 Abs. 2** bleiben durch die Leistungsverzögerung des V **unberührt**. Beide können somit weiterhin Erfüllung verlangen.

Schadensersatzanspruch des Gläubigers neben der Leistung

II. K kann allerdings – **neben seinem Lieferanspruch aus § 433 Abs. 1 – Schadensersatz** in Höhe von 100 € **aus §§ 280 Abs. 1, Abs. 2, 286** (lesen!) verlangen *(die Voraussetzungen wären zu prüfen, vgl. dazu näher unten)*.

Es gibt **zwei Fallgruppen**, die wir im Folgenden behandeln: die **schlichte Nichtleistung** und den **Schuldnerverzug**.

II. Fallgruppen

1. Schlichte Nichtleistung

Bei der schlichten Nichtleistung erbringt der Schuldner die Leistung (trotz Möglichkeit) nicht. Die Verzugsvoraussetzungen des § 286 sind nicht erforderlich. Die schlichte Nichtleistung wird insbesondere von den Regelungen der **§ 281 Abs. 1 S. 1 Var. 1** und **§ 323 Abs. 1 Var. 1** („... erbringt der Schuldner die fällige Leistung nicht ...") erfasst! Vgl. dazu näher die Darstellung der **Sekundäransprüche des Gläubigers unten.**

2. Schuldnerverzug, § 286

Der Schuldnerverzug ist eine qualifizierte Leistungsverzögerung. Es müssen zusätzlich die Voraussetzungen des § 286 erfüllt sein.

Verwechseln Sie den Schuldnerverzug nicht mit dem Gläubigerverzug. Ist der Gläubiger in Verzug mit der Annahme, sind die §§ 293 ff. in Ansatz zu bringen. Der Gläubigerverzug ist keine Pflichtverletzung, sondern die Verletzung einer Obliegenheit (dazu noch später).

Aufbauschema: Schuldnerverzug, § 286

I. Fälliger, durchsetzbarer Anspruch gegen den Schuldner
II. Mahnung durch Gläubiger oder Entbehrlichkeit
III. Nichtleistung des Schuldners
IV. Vertretenmüssen des Schuldners, § 286 Abs. 4

a) Fälliger, durchsetzbarer Anspruch

aa) Fälligkeit tritt **nach § 271 Abs. 1 grundsätzlich sofort** ein, es sei denn, es ergibt sich die Leistungszeit aus einer Parteivereinbarung.

bb) Es ist allgemein anerkannt, dass die Forderung auch durchsetzbar sein muss. Grundsätzlich schließt bereits das Bestehen einer Einrede (wie §§ 214, 320, 821, 853) die Durchsetzbarkeit aus. Es kommt also – anders als im Prozess – grundsätzlich nicht auf die Erhebung der Einrede an. Eine Ausnahme bildet jedoch das allgemeine Zurückbehaltungsrecht des § 273. Hier ist der Verzug nur ausgeschlossen, wenn sich der Schuldner auf die Einrede des § 273 tatsächlich beruft. Grund: Der Gläubiger kann nach § 273 Abs. 3 die Ausübung des Zurückbehaltungsrechts durch eine Sicherheitsleistung abwenden.

b) Mahnung oder Entbehrlichkeit

Mahnung ist eine sog. rechtsgeschäftsähnliche Handlung

aa) Grundsätzlich setzt der Verzug **nach § 286 Abs. 1 S. 1** eine **Mahnung** voraus. Eine Mahnung ist die an den Schuldner gerichtete eindeutige und bestimmte Aufforderung, die Leistung zu erbringen. Es handelt sich daher um eine sog. **rechtsgeschäftsähnliche Handlung**. Die Regeln über Willenserklärungen (§§ 104 ff.) gelten daher bei der Mahnung analog.

Hinweis:** Zur Abgrenzung Willenserklärung – rechtsgeschäftsähnliche Handlung – Realakt vgl. näher:* ***AS-Basiswissen BGB AT.

Nach **§ 286 Abs. 1 S. 2** werden die Klageerhebung bzw. die Zustellung des Mahnbescheids im Mahnverfahren der Mahnung gleichgestellt.

bb) Nach **§ 286 Abs. 2** ist die Mahnung **in vier Fällen entbehrlich:**

- **Nr. 1:** Der Leistungszeitpunkt ist nach dem Kalender **bestimmt**.

  Beispiele: „Lieferung am 10.06."; „Lieferung Ende Juni"

- **Nr. 2:** Hiernach genügt **Berechenbarkeit** der Leistungszeit nach dem Kalender.

- **Nr. 3:** Bei **ernsthafter und endgültiger Erfüllungsverweigerung** durch den Schuldner stellt das Erfordernis einer Mahnung eine sinnlose und daher überflüssige Förmelei dar. Sie ist deshalb auch nach § 286 Abs. 2 Nr. 3 entbehrlich.

- **Nr. 4:** Unter die **Generalklausel** fallen insbesondere folgende Fälle:

  - Der Schuldner macht durch die eigene Ankündigung des Leistungstermins die Mahnung durch den Gläubiger überflüssig (sog. Selbstmahnung).

  - Der Schuldner verhindert die Mahnung dadurch, dass er sich ihr entzieht.

  - Besondere Eilbedürftigkeit (z.B. Reparatur des Wasserrohrbruchs), um drohende Schäden zu verhindern.

cc) Der Verzug kann nach **§ 286 Abs. 3** auch **unabhängig von einer Mahnung** eintreten. Es heißt dort, dass der Schuldner „spätestens" in Verzug kommt, d.h. ein früherer Verzugseintritt nach dem Grundtatbestand des § 286 Abs. 1 ist möglich. § 286 Abs. 3 verdrängt also nicht Abs. 1, sondern ist daneben – ergänzend – anwendbar.

Voraussetzungen des § 286 Abs. 3:

- Vorliegen einer **Entgeltforderung:** „Entgelt" bedeutet, dass der Gläubiger die Gegenleistung für seine Leistung verlangt.

  Nicht erfasst werden also einseitige Geldforderungen, z.B. aus § 823.

- **Zugang einer Rechnung bzw. Zahlungsaufstellung**

- **Ablauf einer 30-Tages-Frist** nach Fälligkeit und Zugang der Rechnung bzw. Zahlungsaufforderung

- Zu beachten ist, dass gemäß **§ 286 Abs. 3 S. 1 Hs. 2 gegenüber Verbrauchern i.S.d. § 13 Besonderheiten** bestehen: Diese müssen auf die Wirkungen des Zugangs der Rechnung bzw. Zahlungsaufstellung und des nachfolgenden Zeitablaufs von 30 Tagen **hingewiesen** worden sein.

c) Nichtleistung

Entscheidend für die Nichtleistung ist die Nichtvornahme der **Leistungshandlung**. Es kommt also nicht darauf an, wann der Leistungserfolg (= Übereignung gemäß § 929) eintritt!

d) Vertretenmüssen des Schuldners

Aus der negativen Formulierung des § 286 Abs. 4 („... kommt nicht in Verzug ...") geht hervor, dass das Vertretenmüssen des Schuldners i.S.d. §§ 276–278 **gesetzlich vermutet** wird. Ebenso wie bei § 280 Abs. 1 S. 2 muss sich der Schuldner daher exkulpieren.

III. Auswirkungen in der Fallprüfung

Wir wollen jetzt die **drei Ausgangsfragen beantworten** und so die **Auswirkungen des Ausbleibens der Leistung in der Fallprüfung** erörtern.

1. Auswirkung auf die Leistungspflicht des Schuldners

a) Wie unserem Eingangsbeispiel bereits zu entnehmen war, bleibt die **Leistungspflicht des Schuldners** durch das bloße Ausbleiben der Leistung **unberührt, d.h. bestehen**. Denn die Leistung ist ja noch nachholbar.

b) Hingegen **geht der Leistungsanspruch in zwei Fällen unter:**

- Tritt der Gläubiger gemäß § 323 Abs. 1 Var. 1 (nicht § 326 Abs. 5, da nur für Unmöglichkeit!) zurück, wandelt sich der Vertrag in ein Rückgewährschuldverhältnis gemäß § 346. Daher geht die ursprüngliche Leistungspflicht unter.
- Verlangt der Gläubiger Schadensersatz statt der Leistung, so erlischt nach § 281 Abs. 4 die ursprüngliche Leistungspflicht. Anders, wenn der Gläubiger nur Verzögerungsschäden als Schadensersatz neben der Leistung verlangt, §§ 280 Abs. 1, Abs. 2, 286.

2. Auswirkung auf die Gegenleistungspflicht

Auch die **Gegenleistungspflicht des Gläubigers** bleibt bei bloßem Ausbleiben der Leistung **unberührt, d.h. bestehen**.

Hingegen geht die Gegenleistungspflicht – ebenso wie die Leistungspflicht – in den beiden o.g. Fällen unter:

- Beim Rücktritt gemäß § 323 wandelt sich der Vertrag gemäß § 346 in ein Rückgewährschuldverhältnis i.S.v. §§ 346 ff., sodass die ursprüngliche Leistungs- und Gegenleistungspflicht untergegangen ist.

- Verlangt der Gläubiger Schadensersatz statt der Leistung, erlischt **nach § 281 Abs. 4 unmittelbar** der Primäranspruch des Gläubigers, also z.B. der Lieferanspruch des Käufers aus § 433 Abs. 1. Hinsichtlich des Primäranspruchs des Schuldners auf die Gegenleistung, also z.B. den Kaufpreis, besteht hingegen keine ausdrückliche gesetzliche Regelung. Wenn aber der Leistungsanspruch des Gläubigers, der sich vertragstreu verhält, mit dessen Schadensersatzverlangen erlischt, dann muss **erst recht der Gegenleistungsanspruch des Schuldners erlöschen**. Beim gegenseitigen Vertrag ergibt sich dies zudem **auch aus der gegenseitigen Abhängigkeit von Leistung und Gegenleistung** (dem sog. Synallagma). Der Anspruch auf die Gegenleistung geht daher analog § 281 Abs. 4 unter (h.M).

3. Sekundärrechte des Gläubigers

Sekundärrechte des Gläubigers bei Ausbleiben der Leistung

Grundsätzlich: neben der (verzögerten) Leistung	**Ausnahme: statt der Leistung**
■ Grundsätzlich nur **Schadensersatz neben der Leistung** aus §§ 280 Abs. 1, Abs. 2, 286, da diese noch nachholbar = Ersatz des Verzögerungsschadens	■ **Rücktritt, § 323 Abs. 1 Var. 1** ■ **Schadensersatz statt der Leistung, §§ 280 Abs. 1, Abs. 3, 281 Abs. 1 Var. 1** ▪ grundsätzlich erst nach **Fristsetzung** ▪ Ausnahme: §§ 323 Abs. 2, 281 Abs. 2 ■ kumulativ möglich, § 325

- Da bei bloßer Leistungsverzögerung ja die Leistung noch nachholbar ist, hat der Gläubiger grundsätzlich als Sekundärrecht **nur einen Anspruch auf Schadensersatz neben der Leistung aus §§ 280 Abs. 1, Abs. 2, 286**. Er erhält dann neben der verspäteten Leistung alle Verzögerungsschäden ersetzt.

- **Hat der Gläubiger** an der verspäteten Leistung **kein Interesse mehr**, so kann er den Untergang des Leistungsanspruchs selbst herbeiführen, indem er **gemäß § 323 Abs. 1 Var. 1 zurücktritt**. Gleiches gilt, wenn er nun auf **Schadensersatz statt der Leistung umschwenkt, § 281 Abs. 4**. Damit der Schuldner bzgl. der ja bis dahin noch nachholbaren Leistung noch eine letzte Chance erhält, muss ihm der Gläubiger aber grundsätzlich erst noch eine angemessene Frist setzen, §§ 323 Abs. 1, 281 Abs. 1 (Ausnahmen jeweils im Abs. 2!).

a) Schadensersatzansprüche

Die Grundfrage lautet: Begehrt der Gläubiger „Schadensersatz **neben** der Leistung" oder „Schadensersatz **statt** der Leistung"?

! ***Hinweis:*** *Bei der Unmöglichkeit stellt sich die Frage nicht, da Schadensersatz neben der Leistung nicht in Betracht kommt. Die Primärleistung ist schließlich nach § 275 Abs. 1–3 ausgeschlossen!*

aa) Schadensersatz neben der Leistung, §§ 280 Abs. 1, Abs. 2, 286

Der Schadensersatz neben der Leistung (Verzögerungsschaden) richtet sich nach §§ 280 Abs. 1, Abs. 2, 286. Dieser Sekundäranspruch tritt **neben den Primäranspruch des Gläubigers**. Der Gläubiger ist **so zu stellen, wie er stehen würde, wenn der Schuldner rechtzeitig erfüllt hätte**.

So hätte sich K in unserem Ausgangsbeispiel bei rechtzeitiger Erfüllung keinen Ersatzwagen anmieten müssen. Die Mietwagenkosten stellen daher einen nach §§ 280 Abs. 1, 2, 286 ersatzfähigen Verzögerungsschaden dar.

Ist umgekehrt der Schuldner mit der Geldzahlungspflicht im Verzug, besteht der Verzögerungsschaden in Zinsschäden, welche ergänzend in § 288 geregelt sind.

Da § 280 Abs. 1 nicht die alleinige Anspruchsgrundlage ist, sondern § 280 Abs. 2 auf § 286 verweist, müssen auch die Verzugsvoraussetzungen des § 286 vorliegen.

Daraus resultiert folgendes Aufbauschema:

Aufbauschema: Schadensersatz neben der Leistung aus §§ 280 Abs. 1, Abs. 2, 286

I. Voraussetzungen

1. **Schuldverhältnis**
2. **Pflichtverletzung:** Schuldner ist in **Verzug** geraten, § 280 Abs. 2 i.V.m. § 286
   a) **Fälliger durchsetzbarer Anspruch** Gläubiger gegen Schuldner
      aa) **Fälligkeit** (§ 271 oder Vertrag)
      bb) **Durchsetzbarkeit** gehindert, wenn eine Einrede (§§ 320, 214) besteht (§ 273 muss vom Schuldner geltend gemacht werden)
   b) **Mahnung, § 286 Abs. 1**
   c) **Mahnung entbehrlich, § 286 Abs. 2**
      - Nr. 1: kalendermäßig bestimmt
      - Nr. 2: kalendermäßig bestimmbar
      - Nr. 3: Schuldner verweigert endgültig
      - Nr. 4: Mahnung unzumutbar
   d) **bei Entgeltforderung spätestens**
      § 286 Abs. 3 S. 1:
      Zugang der Rechnung und 30 Tage verstrichen
      § 286 Abs. 3 S. 2:
      Hinweis auf Rechtsfolge bei privaten Verbrauchern
3. **Vertretenmüssen** des Schuldners wird vermutet, § 286 Abs. 4

II. Rechtsfolgen

- **Schadensersatz neben Leistung** = Verzögerungsschäden
- **Verzugszinsen, § 288**
- **Erfüllungsanspruch des Gläubigers bleibt bestehen**
- **Zufallshaftung gemäß § 287**

Zu § 288:

Bei einer Geldschuld muss der Schuldner ab Beginn des Verzugs Verzugszinsen zahlen, bei deren Höhe wie folgt zu unterscheiden ist:

- § 288 Abs. 1: Ist an dem Rechtsgeschäft *ein Verbraucher beteiligt* (gleichgültig auf welcher Seite des Rechtsgeschäfts), beträgt der Zinssatz bei Geldschulden **pauschal fünf Prozentpunkte über dem Basiszinssatz**, dessen Höhe sich gemäß § 247 halbjährlich ändern kann (daher Blick in die Fußnote zur § 247).

- § 288 Abs. 2: Ist an dem Rechtsgeschäft **kein Verbraucher beteiligt** (d.h. auf beiden Seiten stehen Unternehmer), beträgt **bei Entgeltforderungen** der Zinssatz **pauschal neun Prozentpunkte über dem Basiszinssatz** i.S.v. § 247.
- § 288 Abs. 4: Kann **konkret** ein höherer Zinsschaden dargelegt werden (z.B. Überziehungszinsen bei einem Konto), so kann dieser verlangt werden.
- § 288 Abs. 5: Kostenpauschale von 40 €, falls Schuldner kein Verbraucher

Die Rechtsfolgen des Schuldnerverzugs

§§ 280 Abs. 1, Abs. 2, 286	§ 287 S. 2	§ 288
Ersatz des Verzögerungsschadens	**Haftungsverschärfung** Zufallshaftung (relevant insbesondere bei nachfolgender Unmöglichkeit)	**Verzugszinsen**

bb) Schadensersatz statt der Leistung, §§ 280 Abs. 1, Abs. 3, 281 Abs. 1 S. 1 Var. 1

Beim Schadensersatz statt der Leistung **tritt der Schadensersatz an die Stelle der Primärleistung**. Umfasst wird der Schaden, der sich **aus dem endgültigen Ausbleiben der Leistung** ergibt, der **vermieden** worden wäre, wenn **der Schuldner im spätest möglichen Zeitpunkt noch erfüllt** hätte. Zu ersetzen ist hier also das **Erfüllungsinteresse (positives Interesse)**; Einzelheiten zum Umfang sind streitig.

Für die Voraussetzungen gilt: Anders als bei Schadensersatz neben der Leistung verweist § 280 Abs. 3 nicht auf § 286, sondern auf § 281. Daher sind jetzt die Verzugsvoraussetzungen des § 286 nicht zu prüfen. Vielmehr hat § 281 eigene Voraussetzungen.

Daraus ergibt sich folgendes Aufbauschema:

Aufbauschema: Schadensersatz statt der Leistung aus §§ 280 Abs. 1, Abs. 3, 281 Abs. 1 Var. 1

I. Voraussetzungen

1. **Schuldverhältnis**
2. **Schuldner hat die mögliche, fällige durchsetzbare Leistung bisher nicht erbracht** (1. Pflichtverletzung)
   a) **Fälligkeit (§ 271 oder Vertrag)**
   b) **Durchsetzbarkeit gehindert, wenn eine Einrede (§§ 320, 214) besteht** (§ 273 muss geltend gemacht werden)
3. **Fristsetzung zur Leistung, § 281 Abs. 1 S. 1 Var. 1**
   a) **Fristsetzung** muss **angemessen** sein – anderenfalls aber automatische Verlängerung
   b) **Fristsetzung entbehrlich**, wenn **§ 281 Abs. 2**
      aa) Interessenwegfall infolge des Verzugs
      bb) Ernsthafte und endgültige Leistungsverweigerung des Schuldners
      cc) Verzicht des Schuldners auf die Fristsetzung
4. **Nichterbringung der Leistungshandlung bis zum Fristablauf** (2. Pflichtverletzung)
5. **Vertretenmüssen** des Schuldners wird vermutet, § 280 Abs. 1 S. 2
   h.M.: Bezugspunkt für die Exkulpation ist die 2. Pflichtverletzung

II. Rechtsfolgen

- Schadensersatz **statt der Leistung**
- Aufwendungsersatz, § 284, bzgl. nutzloser Aufwendungen
- Der **Erfüllungsanspruch** des **Gläubigers** gegen den Schuldner auf die Leistung erlischt erst, wenn Gläubiger den Schadensersatz geltend gemacht **hat**, § 281 Abs. 4.
- Umgekehrt erlischt der **Erfüllungsanspruch** des **Schuldners** gegen den Gläubiger auf die Gegenleistung ebenfalls (Erst-Recht-Schluss), § 281 Abs. 4 analog (str.).
- Gläubiger kann auch **Rücktritt** wählen, § 323 i.V.m. §§ 346 ff. Dies geht kumulativ zu Schadensersatz, § 325!

Verlangt der Gläubiger Schadensersatz statt der Leistung, so stellen sich (wie im **Fall der Unmöglichkeit**) **zwei klausurrelevante Problemkreise:**

- **Großer und kleiner Schadensersatz**

  Bei §§ 280 Abs. 1, Abs. 3, 281 Abs. 1 S. 1 Var. 1 besteht grundsätzlich ein Schadensersatzanspruch statt der Leistung **nur, „soweit" eine Leistungsstörung vorliegt**.

  - Bei **teilweiser Verzögerung** kann daher **grundsätzlich** nur Schadensersatz **wegen des leistungsgestörten Teils** verlangt werden – im Übrigen ist hingegen der Vertrag zu erfüllen, sog. **„kleiner Schadensersatz"**.
  - **Ausnahmsweise** kann jedoch auch bei teilweisem Ausbleiben Schadensersatz statt der ganzen Leistung verlangt werden, sog. **„großer Schadensersatz"** – jedoch nur unter der **zusätzlichen Voraussetzung des § 281 Abs. 1 S. 2** (kein Interesse des Gläubigers an der Teilleistung)!

    Hinweis: *Der Gläubiger hat in diesem Fall die vom Schuldner empfangene Teilleistung gemäß § 281 Abs. 5 nach Rücktrittsregeln zurückzugeben.*

- **Berechnungsmethode für den Schadensersatz statt der Leistung (Austausch- oder Differenzmethode)**

  Beim Schadensersatz statt der Leistung wegen Verzögerung der Leistung kann sich – ebenso wie bei der Unmöglichkeit (vgl. oben **S. 38 ff.**) – das Problem der Berechnung nach der **Austausch-(Surrogations-) bzw. der Differenzmethode** stellen.

  Wie wir oben gesehen haben, kann **bei der Unmöglichkeit gegen die Austauschmethode § 326 Abs. 1 S. 1 Hs. 1** ins Feld geführt werden. **Bei dem Ausbleiben der Leistung** kann **parallel dazu auf § 281 Abs. 4 abgehoben** werden: Mit dem Schadensersatzverlangen erlischt der Primäranspruch.

  Mit denselben Gründen wie oben bei der Unmöglichkeit bereits dargestellt ist es jedoch auch hier gut vertretbar, **dem Gläubiger ein Wahlrecht zu geben**: Entweder erfolgt die Berechnung nach der Surrogationsmethode oder nach der Differenzmethode.

b) Aufwendungsersatzansprüche, § 284

Aufwendungen = freiwillige Vermögensopfer

Schäden = unfreiwillig

„Anstelle" des Schadensersatzes statt der Leistung, kann der Gläubiger den Aufwendungsersatzanspruch nach § 284 geltend machen. Hier kann auf die Ausführungen im Rahmen der Unmöglichkeit verwiesen werden (vgl. oben **S. 63**).

Nochmals sei darauf hingewiesen, dass § 284 keine selbstständige Anspruchsgrundlage ist.

c) Rückgewähransprüche, §§ 346 ff.

Nach § 346 Abs. 1 besteht für die Parteien ein Anspruch auf Rückgewähr der erbrachten Leistungen, wenn der Gläubiger wirksam gemäß § 323 Abs. 1 Var. 1 den Rücktritt erklärt hat.

Die Voraussetzungen des Rücktritts gemäß § 323 sind nahezu identisch mit denen für Schadensersatz statt der Leistung aus §§ 280 Abs. 1, Abs. 3, 281. Zu beachten ist aber, dass § 323 für den Rücktritt – anders als Schadensersatz – kein Verschulden voraussetzt. Daraus ergibt sich folgendes Aufbauschema:

Aufbauschema: Rücktritt wegen Verzögerung, § 323 Abs. 1 Var. 1

I. Voraussetzungen

1. Gegenseitiger Vertrag

2. Schuldner hat die mögliche, fällige durchsetzbare Leistung bisher nicht erbracht (1. Pflichtverletzung)

a) Fälligkeit (§ 271 oder Vertrag)

b) Durchsetzbarkeit gehindert, wenn eine Einrede (§§ 320, 214) besteht (§ 273 muss geltend gemacht werden)

3. Fristsetzung zur Leistung, § 323 Abs. 1 Var. 1

a) Fristsetzung muss **angemessen** sein – anderenfalls aber automatische Verlängerung

b) Fristsetzung entbehrlich, wenn **§ 323 Abs. 2**

aa) Ernsthafte und endgültige Leistungsverweigerung des Schuldners

bb) Interessenwegfall

cc) Verzicht des Schuldners auf die Fristsetzung

4. Nichterbringung der Leistungshandlung bis zum Fristablauf (2. Pflichtverletzung)

5. Rücktrittserklärung des Gläubigers, § 349

II. Rechtsfolgen

1. Es entsteht **Rückgewährschuldverhältnis gemäß §§ 346–348**

2. Dadurch **gehen die ursprünglichen Ansprüche** auf Leistung und Gegenleistung **unter**

„Großer und kleiner Rücktritt"

Das Rücktrittsrecht besteht gemäß § 323 Abs. 1 grundsätzlich nur, **soweit** eine Leistungsstörung vorliegt, d.h.:

- Bei **teilweiser** Verzögerung **grundsätzlich** nur im Hinblick auf den leistungsgestörten Teil – im Übrigen ist der Vertrag also zu erfüllen und abzuwickeln. Die Rechtsfolge des § 323 Abs. 1 Var. 1 ist also grundsätzlich ein Teilrücktritt (man könnte dies parallel zum Schadensersatz statt der Leistung als **„kleinen Rücktritt"** bezeichnen);

Parallele zwischen Teilverzögerung und Teilunmöglichkeit, da § 326 Abs. 5 wieder auf § 323 Abs. 5 verweist.

- Bei **teilweisem Ausbleiben** kann der Gläubiger jedoch **ausnahmsweise** unter der **zusätzlichen Voraussetzung des § 323 Abs. 5 S. 1** vom **ganzen** Vertrag zurücktreten: Zusätzliche Voraussetzung ist hiernach, dass der Gläubiger an der möglichen bzw. bereits erbrachten Teilleistung kein Interesse hat (man könnte dies parallel zum Schadensersatz statt der Leistung als **„großen Rücktritt"** bezeichnen).

C. Klausurhinweise zum Prüfungsaufbau

Zusammenfassend generell noch einige Tipps zum Prüfungsaufbau in der Klausur bei Unmöglichkeit und Verzögerung.

I. Beachtung der Fallfrage

Diese wird sich entweder sowieso an den klassischen drei Fragestellungen (1. Leistung, 2. Gegenleistung, 3. Sekundärrechte) orientieren oder, wenn sie offen gehalten ist, z.B. „Welche Ansprüche?, Wie ist die Rechtslage?", Sie dann veranlassen sollte, nach demselben Schema vorzugehen.

II. Auswirkungen im Prüfungsaufbau

1. Für den Leistungsanspruch ergibt sich folgender Grundaufbau:

<table>
<tr><th colspan="2">Prüfungsschema: Anspruch auf die Leistung,
z.B. aus § 433 Abs. 1</th></tr>
<tr><td colspan="2">1. Anspruch entstanden mit wirksamen Vertrag
2. Anspruch untergegangen?</td></tr>
<tr><td>bei Unmöglichkeit der Leistung</td><td>bei Ausbleiben der Leistung</td></tr>
<tr><td>■ generell untergegangen, § 275 Abs. 1–3
■ bei anfänglicher Unmöglichkeit Anspruch von vornherein ausgeschlossen (also bei 1. bringen!)
■ Rücktritt, §§ 326 Abs. 5, 346 als Untergangsgrund, daher nur bei Teilunmöglichkeit relevant, § 326 Abs. 5 i.V.m. § 323 Abs. 5</td><td>■ Grundsätzlich: Kein Untergang, da Leistung noch nachholbar
■ Ausnahme: Untergang, wenn
▪ Gläubiger Rücktritt erklärt, §§ 323, 349
▪ Gläubiger Schadensersatz statt Leistung verlangt hat, § 281 Abs. 4</td></tr>
</table>

2. Für die Gegenleistung ergibt sich folgender Grundaufbau:

<table>
<tr><th colspan="2">Prüfungsschema: Anspruch auf Gegenleistung,
z.B. § 433 Abs. 2</th></tr>
<tr><td colspan="2">1. Anspruch entstanden mit wirksamen Vertrag
2. Anspruch untergegangen?</td></tr>
<tr><td>bei Unmöglichkeit der Leistung</td><td>bei Ausbleiben der Leistung</td></tr>
<tr><td>a) Grundsätzlich: Untergang der Gegenleistung gemäß § 326 Abs. 1
▪ Rücktritt daher nur bei Teilunmöglichkeit relevant, § 326 Abs. 5 i.V.m. § 323 Abs. 5
b) Ausnahme: Übergang der Preisgefahr
▪ § 326 Abs. 2
▪ § 326 Abs. 3
▪ §§ 446, 447 (Kaufrecht)
▪ §§ 644, 645 (Werkrecht)</td><td>a) Grundsätzlich: Kein Untergang, da bei Nachholung der Leistung Gegenleistung geschuldet
b) Ausnahme:
▪ Gläubiger hat Rücktritt erklärt, §§ 323, 346
▪ Gläubiger hat Schadensersatz statt Leistung verlangt, § 281 Abs. 4 (analog) auch für Gegenleistung!</td></tr>
</table>

3. Für Sekundärrechte des Gläubigers ergibt sich folgender Grundaufbau:

Prüfungsschema: Anspruch auf Schadensersatz

<table>
<tr><th colspan="2">Schadensersatz neben der Leistung</th><th colspan="2">Schadensersatz statt der Leistung</th></tr>
<tr><th>bei Unmöglichkeit</th><th>bei Ausbleiben</th><th>bei Unmöglichkeit</th><th>bei Ausbleiben</th></tr>
<tr>
<td>entfällt!</td>
<td>§§ 280 Abs. 1, Abs. 2, 286
1. Schuldverhältnis
2. Pflichtverletzung: Schuldner ist im Verzug, § 286
a) Fälliger durchsetzbarer Anspruch
b) Mahnung oder Entbehrlichkeit, § 286 Abs. 2, 3
3. Vertretenmüssen vermutet, §§ 280 Abs. 1 S. 2, 286 Abs. 4
4. Rechtsfolge: Verzögerungsschäden</td>
<td>§§ 280 Abs. 1, Abs. 3, 283
1. Schuldverhältnis
2. Pflichtverletzung hat zur nachträglichen Unmöglichkeit geführt (§ 275)
▪ bei anfänglicher Unmöglichkeit ist § 311 a Abs. 2 die AGL!
3. Vertretenmüssen vermutet, § 280 Abs. 1 S. 2
4. Rechtsfolge: Schadensersatz statt Leistung</td>
<td>§§ 280 Abs. 1, Abs. 3, 281
1. Schuldverhältnis
2. Schuldner hat mögliche fällige durchsetzbare Leistung bisher nicht erbracht
3. Fristsetzung zur Leistung oder Entbehrlichkeit, § 281 Abs. 2
4. Nichtleistung bis zum Fristablauf (entfällt bei § 281 Abs. 2)
5. Vertretenmüssen wird vermutet, § 280 Abs. 1 S. 2
6. Rechtsfolge: Schadensersatz statt Leistung</td>
</tr>
</table>

Prüfungsschema: Anspruch auf Rückgewähr bei erklärtem Rücktritt

bei Unmöglichkeit der Leistung	bei Ausbleiben der Leistung
Rückgewähranspruch aus § 346 Abs. 1 i.V.m. § 326 Abs. 5	**Rückgewähranspruch aus § 346 Abs. 1 i.V.m. § 323**
I. Rücktrittserklärung, § 349	**I. Rücktrittserklärung, § 349**
II. Rücktrittsgrund, § 326 Abs. 5 **1. Gegenseitiger Vertrag** **2. Unmöglichkeit der Leistung, § 275 Abs. 1–3**	**II. Rücktrittsgrund, § 323 Abs. 1 Var. 1** **1. Gegenseitiger Vertrag** **2. Schuldner hat mögliche fällige durchsetzbare Leistung bisher nicht erbracht** **3. Fristsetzung zur Leistung o. Entbehrlichkeit**, § 323 Abs. 2 **4. Nichtleistung bis zum Fristablauf** (entfällt bei § 323 Abs. 2)
III. Rechtsfolge: Rückgewährschuldverhältnis gemäß §§ 346–348	**III. Rechtsfolge:** Rückgewährschuldverhältnis gemäß §§ 346–348

Klausurtipps: *Zu achten ist auf die* ***Doppelfunktion*** *je nach Prüfungsansatz:* !

- ***Rücktritt***
  1. ***Rücktritt*** *kann* ***einerseits als Untergangsgrund*** *für den ursprünglichen Leistungsanspruch relevant werden (Prüfungsstandort: „Anspruch untergegangen“).*
  2. ***Andererseits*** *löst der wirksame Rücktritt dann auch einen* ***Rückgewähranspruch*** *aus § 346 aus (Prüfungsstandort: „Anspruchsvoraussetzung“).*
- ***Schadensersatz statt Leistung***
  1. ***Schadensersatz statt der Leistung aus §§ 280 Abs. 1, Abs. 3, 281*** *kann* ***einerseits*** *als* ***Untergangsgrund*** *für den ursprünglichen Leistungsanspruch relevant werden – wegen* ***§ 281 Abs. 4*** *(Prüfungsstandort: „Anspruch untergegangen“). § 281 Abs. 4 gilt* ***analog für den Untergang der Gegenleistung****.*
  2. ***Andererseits*** *kann § 280 Abs. 1, Abs. 3 i.V.m. § 281 Abs. 1 Var. 1 auch als* ***Anspruchsgrundlage*** *auf Schadensersatz statt der Leistung geprüft werden.*
- *Bei* ***Schadensersatz aus §§ 280 Abs. 1, Abs. 2, 286, stellt sich diese Problematik nicht****, da hierdurch nur Schadensersatz neben der Leistung begründet wird (bzgl. der Verzögerungsschäden).*

1. Welche Sekundäransprüche bzw. -rechte hat der Gläubiger bei Unmöglichkeit?

1. Die Rechte des Gläubigers sind in § 275 Abs. 4 aufgezählt: Der Gläubiger kann zum einen Schadensersatz statt der Leistung verlangen und zwar bei anfänglicher Unmöglichkeit aus § 311 a Abs. 2; bei nachträglicher Unmöglichkeit aus § 280 Abs. 1, Abs. 3 i.V.m. § 283. Stattdessen kann der Gläubiger Ersatz auch nutzloser Aufwendungen i.S.v. § 284 verlangen. Ferner kann der Gläubiger bei Unmöglichkeit der Leistung gemäß § 326 Abs. 5 i.V.m. § 323 zurücktreten und dann gemäß §§ 346 ff. Rückgewähr verlangen. § 325 stellt klar, dass Schadensersatz und Rücktritt auch kumulativ möglich sind.

2. Was ist der Unterschied zwischen Schäden und Aufwendungen?

2. Schäden sind unfreiwillige Vermögensopfer. Hingegen sind Aufwendungen (i.S.v. § 284) freiwillige Vermögensopfer, welche sich als nutzlos erweisen.

3. Was ist das sog. Stellvertretende Commodum?

3. Hat der Schuldner in Folge der Unmöglichkeit einen entsprechenden Ersatzanspruch gegen Dritte (z.B. Versicherung/Schädiger) oder Ersatz als Surrogat erlangt, so kann der Gläubiger aus § 285 Herausgabe des Ersatzes bzw. Abtretung des Ersatzanspruchs verlangen.

4. Welche Schadensersatzansprüche hat der Gläubiger bei Ausbleiben der Leistung?

4. Grundsätzlich kann der Gläubiger bei Ausbleiben der Leistung nur Schadensersatz neben der Leistung verlangen, da ja die Leistung noch nachholbar ist. Anspruchsgrundlage auf Schadensersatz ist dann § 280 Abs. 1 i.V.m. Abs. 2 i.V.m. § 286 auf Ersatz der reinen Verzögerungsschäden. Ausnahmsweise kann der Gläubiger Schadensersatz statt der Leistung verlangen, wenn er zuvor eine Frist i.S.v. § 281 Abs. 1 Var. 1 gesetzt hat oder diese gemäß § 281 Abs. 2 entbehrlich ist. Anspruchsgrundlage auf Schadensersatz statt der Leistung ist dann § 280 Abs. 1, Abs. 3 i.V.m. § 281 Abs. 1 Var. 1.

5. Kann der Gläubiger bei Ausbleiben der Leistung zurücktreten?

5. Grundsätzlich kann der Gläubiger nicht zurücktreten, da die Leistung ja noch nachholbar ist und er daneben Schadensersatz neben der Leistung verlangen kann. Unter den Voraussetzungen des § 323 Abs. 1 kann jedoch der Gläubiger zurücktreten, d.h. wenn er eine Frist gesetzt hat oder eine Fristsetzung zur Leistung gemäß § 323 Abs. 2 entbehrlich ist.

4. Abschnitt: Gläubigerverzug, §§ 293 ff.

Der Gläubigerverzug, auch Annahmeverzug genannt, ist bzgl. der Voraussetzungen in §§ 293–299 geregelt, die Rechtsfolgen in §§ 300–304.

A. Die Voraussetzungen des Gläubigerverzugs, §§ 293–299

Der Gläubigerverzug hat vier Voraussetzungen, die Sie dem Gesetz entnehmen können: Aus § 293 ergeben sich die ersten drei Prüfungspunkte („die ihm angebotene" – „Leistung" – „nicht annimmt"). Dem § 297 ist die 4. Voraussetzung zu entnehmen. Sie können schließlich in einem 5. Punkt festhalten, dass ein Vertretenmüssen in den §§ 293 ff. nicht vorausgesetzt wird.

Daraus ergibt sich folgendes Prüfungsschema:

Prüfungsschema: Gläubigerverzug, §§ 293 ff.

I. **Voraussetzungen**
   1. **Erfüllbarer Anspruch des Gläubigers gegen den Schuldner:** Setzt lediglich voraus, dass der Schuldner schon erfüllen darf. Die Leistung muss noch nicht fällig sein.
   2. **Ordnungsgemäßes Angebot des Schuldners**
      - **§ 294:** grundsätzlich **tatsächliche „Anleistung"**
      - **§ 295: wörtliches Angebot**
      - **§ 296: entbehrliches Angebot**
   3. **Schuldner zur Leistung bereit und imstande, § 297**
   4. **Nichtannahme durch Gläubiger**

      Beachte: *Nicht lediglich vorübergehende Annahmeverhinderung, § 299 (Beispiel: Schuldner trifft Gläubiger bei unangemeldetem Leistungsversuch nicht an).*
   5. **Kein Vertretenmüssen des Gläubigers erforderlich!**

II. **Rechtsfolgen**
   1. **Aufwendungsersatzanspruch** des Schuldners, **§ 304**
   2. **Sanktionen für den Gläubiger**
      a) **§ 300 Abs. 1:** Schuldner bzgl. Verschulden privilegiert
      b) **§ 300 Abs. 2:** Übergang der Leistungsgefahr bei Gattungsschuld (kaum Relevanz, da in der Regel schon Konkretisierung, § 243 Abs. 2)
      c) **§ 326 Abs. 2 S. 1 Var. 2:** Übergang der Gegenleistungsgefahr (Preisgefahr) bei späterer Unmöglichkeit

Erläuterung des Aufbauschemas:

1. Der Anspruch muss zumindest erfüllbar sein. **Erfüllbarkeit** bedeutet, dass der Schuldner leisten kann, aber noch nicht zwingend leisten muss. Der Anspruch muss also – anders als beim Schuldnerverzug nach § 286 – **noch nicht fällig** sein. Gemäß § 271 Abs. 1 Var. 2 kann der Schuldner im Zweifel sofort erfüllen.

2. Die **§§ 294–296** behandeln das **Angebot**. Grundsätzlich ist nach **§ 294** ein tatsächliches Angebot erforderlich. Der Schuldner muss alle ihm obliegenden Leistungshandlungen soweit erbracht haben, dass es allein am Gläubiger liegt, die Erfüllung herbeizuführen. Der Gläubiger braucht also nur noch „zuzugreifen". Ausnahmsweise reicht ein wörtliches Angebot, **§ 295**. Das Angebot kann auch nach **§ 296** entbehrlich sein.

3. Der Gläubiger muss die angebotene Leistung **nicht angenommen** haben oder bei Entbehrlichkeit des Angebots nach § 296 die Mitwirkungshandlung unterlassen haben. Verschulden des Gläubigers ist nicht erforderlich, s.u.

! ***Sonderfälle:***

*Nach **§ 298** kommt der Gläubiger einer Zug um Zug zu erbringenden Leistung trotz Annahmebereitschaft in Verzug, wenn er die verlangte Gegenleistung nicht anbietet. (Konsequenz aus dem Synallagma!)*

*Nach **§ 299** lässt bei unbestimmter Leistungszeit eine vorübergehende Annahmeverhinderung den Gläubigerverzug nicht eintreten.*

4. Nach **§ 297** darf der Schuldner „zur Zeit des Angebots" (heben Sie sich diesen maßgebenden Zeitpunkt in Ihrem Gesetz hervor!) nicht außerstande sein, die Leistung zu bewirken. Es darf also zum Zeitpunkt des Angebots kein Fall der Unmöglichkeit vorliegen.

5. Beachte: Der Gläubigerverzug setzt – anders als der Schuldnerverzug (§ 286 Abs. 4) – kein Vertretenmüssen voraus, da es sich hierbei um eine Obliegenheitsverletzung (und nicht um eine Pflichtverletzung) des Gläubigers handelt. Halten Sie sich diesen oftmals prüfungsrelevanten Gesichtspunkt stets vor Augen!

B. Die Rechtsfolgen des Gläubigerverzugs, §§ 300 ff.

Die wichtigsten Rechtsfolgen des Gläubigerverzugs sind in den §§ 300–304 und § 326 Abs. 2 S. 1 Var. 2 geregelt (lesen!).

- **§ 300 Abs. 1** regelt eine **Haftungsprivilegierung für den Schuldner** während des Gläubigerverzugs, da dieser während des Gläubigerverzugs nur Vorsatz und grobe Fahrlässigkeit zu vertreten hat.

Beispiel: Nachdem der Verkäufer die Ware zum Käufer gebracht (Bringschuld!) und diesem erfolglos angeboten hat, verursacht der Verkäufer auf der Rückfahrt leicht fahrlässig einen Unfall, wodurch die Ware zerstört wird.

- **§ 300 Abs. 2** regelt den **Übergang der Leistungsgefahr** bei Gattungsschulden. Dies bedeutet, dass, wenn die angebotene Gattungssache während des Gläubigerverzugs durch Zufall oder leichte bzw. mittlere Fahrlässigkeit untergeht oder verschlechtert wird, der Schuldner insoweit von seiner Leistungspflicht gemäß § 275 frei wird.

Siehe hierzu bereits Abschnitt „Unmöglichkeit"

- **§ 326 Abs. 2** regelt den **Übergang der Gegenleistungsgefahr (Preisgefahr)**. Hierdurch wird die Frage geklärt, ob der Schuldner trotz des Untergangs der von ihm geschuldeten Sache während des Gläubigerverzugs den Anspruch auf die Gegenleistung behält. Deswegen ist im vorangegangen Beispiel der Kaufpreisanspruch des V nicht gemäß § 326 Abs. 1 untergegangen.

Siehe hierzu bereits Abschnitt „Unmöglichkeit"

- **§ 304** ist die einzige Anspruchsgrundlage innerhalb des Regelungskomplexes der §§ 293–304! Geregelt ist ein Anspruch auf Ersatz der Mehraufwendungen, also die Kosten des erfolglosen Angebots, z.B. Fahrtkosten oder wenn die Ware wegen des Annahmeverzugs des Gläubigers anschließend vom Schuldner zwischengelagert werden muss.

!

Hinweis: *§ 304 ist kein Schadensersatzanspruch, sondern ein Aufwendungsersatzanspruch (unterscheide: Schaden ist ein unfreiwilliges Vermögensopfer – Aufwendung ist ein freiwilliges Vermögensopfer!).*

1. Was sind die Voraussetzungen des Gläubigerverzugs (Annahmeverzugs)?

1. Die Voraussetzungen des Gläubigerverzugs sind in §§ 293 ff. geregelt: zunächst muss ein erfüllbarer Anspruch des Gläubigers gegen den Schuldner bestehen. Ferner muss der Schuldner dem Gläubiger ordnungsgemäß angeboten haben. Ferner muss der Schuldner seinerseits zur Leistung bereit und imstande sein, § 297. Der Gläubiger hat die Leistung dennoch nicht angenommen; ein Verschulden des Gläubigers ist hierzu nicht erforderlich.

2. Wie muss der Schuldner anbieten, um Annahmeverzug des Gläubigers auszulösen?

2. Gemäß § 294 muss der Schuldner grundsätzlich die Leistung tatsächlich so anbieten, wie sie geschuldet ist. Unter den Voraussetzungen des § 295 reicht ausnahmsweise ein wörtliches Angebot. Nach der Sondervorschrift des § 296 ist ein, auch wörtliches, Angebot sogar entbehrlich.

3. Wie ist das Verhältnis zwischen Unmöglichkeit der Leistung und Gläubigerverzug?

3. Grundsätzlich schließen sich Unmöglichkeit und Gläubigerverzug gegenseitig aus: Ist nämlich der Schuldner zur Leistung nicht imstande, ist gemäß § 297 ein Annahmeverzug des Gläubigers ausgeschlossen. Etwas anderes gilt natürlich, wenn der Schuldner zunächst zur Leistung bereit und imstande ist, dementsprechend den Annahmeverzug des Gläubigers ausgelöst hat und anschließend Unmöglichkeit der Leistung eintritt (bei Gattungsschulden erst nach Eintritt der Konkretisierung bzw. Übergang der Leistungsgefahr gemäß § 300 Abs. 2). Gemäß § 326 Abs. 2 ist dann die Gegenleistungsgefahr (Preisgefahr) auf den Gläubiger übergegangen, weswegen er noch die Gegenleistung schuldet.

4. Hat der Schuldner bei Annahmeverzug des Gläubigers gegen den Gläubiger Schadensersatz- oder Aufwendungsersatzansprüche?

4. Gemäß § 304 besteht lediglich ein Aufwendungsersatzanspruch bzgl. der Mehraufwendungen, die durch den Annahmeverzug des Gläubigers entstanden sind, z.B. bezüglich der Kosten für das erfolglose Angebot oder Kosten einer Zwischenlagerung der Ware. Hingegen besteht grundsätzlich kein Schadensersatzanspruch, weil die Annahme durch den Gläubiger keine Pflicht, sondern grundsätzlich nur eine Obliegenheit darstellt. Besonderheiten gelten jedoch im Kauf- und Werkvertragsrecht, weil dort der Gläubiger des Lieferanspruchs, also der Kunde, gleichzeitig zur Abnahme verpflichtet wird, § 433 Abs. 1, § 640 Abs. 1. Insofern ist der Käufer dann Schuldner der Abnahmepflicht und kann aus Schuldnerverzug gemäß § 280 Abs. 1, Abs. 2 i.V.m. § 286 auf Schadensersatz in Anspruch genommen werden.

5. Abschnitt: Störung der Geschäftsgrundlage

Das Rechtsinstitut der Störung der Geschäftsgrundlage, in **§ 313** geregelt, ist für die Fälle zugeschnitten, die aufgrund von **Regelungslücken** sonst nicht lösbar wären: Vorrang haben nämlich vertragliche Regelungen, auch die ergänzende Auslegung sowie Anfechtung, Leistungsstörungsrecht (Unmöglichkeit, Verzug, Gewährleistung) sowie Kündigungsrecht (bei Dauerschuldverhältnissen). Daher ist stets die Anwendbarkeit des § 313 zu problematisieren!

Klausurtipp: *Die vorgenannten, spezielleren Ansätze sind daher in der Klausurlösung vorrangig zu erörtern. Wird dann anschließend § 313 geprüft, so ist zuerst die Anwendbarkeit dieser subsidiären Vorschrift zu erörtern. Hierbei kann dann aber auf die zuvor getätigten Ausführungen, wonach die spezielleren Ansätze nicht greifen, verwiesen werden.* !

Daraus folgt das nachfolgende Aufbauschema:

A. Prüfungsschema zur Störung der Geschäftsgrundlage

Prüfungsschema:
Störung der Geschäftsgrundlage, SGG, § 313

I. **Anwendbarkeit** nur bei Regelungslücke (Subsidiarität)
- **keine vertragliche Regelung**
- **keine Anfechtung, §§ 119 ff.**
- **keine Leistungsstörung, §§ 275 ff.** (Unmöglichkeit, Ausbleiben der Leistung, Gewährleistung)
- **keine Kündigung** (insbesondere bei Dauerschuldverhältnissen, § 626; vgl. auch § 314)
- **für coronabedingte Störungen:** Art. 240 EGBGB

Aufbauhinweis: *Da diese speziellen Regeln stets zuerst geprüft werden, hier Bezugnahme auf vorhergehende Erörterung und nur Abgrenzung*

II. **Voraussetzungen, § 313 Abs. 1, 2**

1. **Schuldverhältnis**
2. **gemeinsame Vorstellung** der Parteien über einen bestimmten Umstand

   Der Umstand ist Geschäftsgrundlage geworden
   ⇨ Umstand ist geschäftswesentlich
3. Umstand **nicht ausschließlich im Risikobereich einer Partei**; (–), wenn eine Partei erkennbar das Risiko übernommen hat
4. Umstand ist später **weggefallen** bzw. schwerwiegend verändert, § 313 Abs. 1, oder **Vorstellungen** der Parteien **stellen sich als von Anfang an falsch heraus**, § 313 Abs. 2

III. **Rechtsfolgen**

1. **Vertragsanpassung, § 313 Abs. 1 Hs. 2**

   falls nicht möglich, den Vertrag für <u>beide</u> Parteien interessengerecht anzupassen, dann:
2. **Rücktritt** gemäß § 313 Abs. 3 S. 1; Folge:

   a) bereits erbrachte Leistungen sind rückabzuwickeln gemäß §§ 346 ff.

   b) <u>und</u> (noch ausstehende) **Erfüllungsansprüche gehen unter, da kein Vertrag mehr vorhanden**
3. bei **Dauerschuldverhältnissen:**
   Kündigung gemäß § 313 Abs. 3 S. 2

B. Voraussetzungen der SGG, § 313

I. Anwendbarkeit

1. § 313 findet keine Anwendung, wenn die Parteien die veränderten Umstände bereits durch eine **Vereinbarung**, z.B. eine Bedingung, ein vertragliches Rücktrittsrecht oder eine Garantie- bzw. Anpassungsklausel im Vertrag geregelt haben. Ggf. kann hier auch durch ergänzende Auslegung nachgeholfen werden.

2. Anfechtungsrecht, §§ 119 ff., ist grundsätzlich spezieller. Allerdings ist für den Fall, dass sich beide Parteien geirrt haben (Doppelirrtum) nach h.M. die Anfechtung ausgeschlossen und daher ausnahmsweise § 313 anwendbar. Begründet wird dies vor allem damit, dass beim Doppelirrtum die Schadensersatzpflicht des Anfechtenden aus § 122 ungerechtfertigt sei, weil es, da beide Vertragsparteien irrten, vom Zufall abhinge, wer zuerst die Anfechtung erklärt.

3. Das Recht der Leistungsstörung (Unmöglichkeit, Verzug, Gewährleistung) ist spezieller. Umstritten ist aber das Verhältnis zu § 275 Abs. 2, der sog. **faktischen Unmöglichkeit**. Grundsätzlich geht § 275 Abs. 2 einer Vertragsanpassung nach § 313 vor. Eine Ausnahme besteht hingegen in Fällen der sog. wirtschaftlichen Unmöglichkeit. Unter diesen Begriff fallen Verträge, bei denen die Leistung einen Mehraufwand erfordert, der dem Schuldner im Hinblick auf dessen Leistungsfähigkeit nicht zugemutet werden kann. Die Abgrenzung ist jedoch fließend.

4. Das **Kündigungsrecht** aus wichtigem Grund bei Dauerschuldverhältnissen ist spezieller, z.B. § 543 für Mietverträge, § 626 für Dienstverträge und § 314 für nicht geregelte Dauerschuldverhältnisse.

II. Voraussetzungen

1. Erforderlich ist zunächst ein **Schuldverhältnis** i.S.v. § 311 Abs. 1.

2. Ein bestimmter Umstand muss **Geschäftsgrundlage für das Schuldverhältnis** geworden sein.

a) § 313 Abs. 1 regelt den späteren Wegfall der Geschäftsgrundlage. Dabei geht es um Umstände, die Grundlage des Vertrags geworden sind und die sich nach Vertragsschluss geändert haben. **§ 313 Abs. 2** erfasst darüber hinaus Fälle, in denen wesentliche

Vorstellungen, die zur Grundlage des Vertrags geworden sind, bereits ursprünglich, d.h. bei Vertragsschluss, der Wirklichkeit nicht entsprachen.

b) Zentrale Frage im Rahmen der Anwendung des § 313 ist das Problem, welche Umstände „Geschäftsgrundlage“ eines Vertrags geworden sind.

Ob ein Umstand bzw. eine Vorstellung **Geschäftsgrundlage i.S.d. § 313** geworden ist, kann nur durch Wertung ermittelt werden. Die positive Bestimmung der Geschäftsgrundlage ist deshalb so schwierig, weil die Parteien insoweit gerade keine konkrete Vereinbarung getroffen bzw. konkrete Vorstellungen geäußert, sondern die maßgeblichen Umstände nur vorausgesetzt haben.

Von einer Geschäftsgrundlage kann nur ausgegangen werden, wenn der Umstand für beide Parteien so wesentlich ist, dass er das „Fundament“ des Vertrags bildet.

3. Der Umstand darf nicht im **Risikobereich einer Partei** liegen. Denn § 313 dient nicht dazu, Risiken wieder abzuwälzen. Ob z.B. ein Kunde den Kaufgegenstand zu seinen Zwecken verwenden kann, fällt allein in seinen Risikobereich, sodass er SGG, § 313, nicht geltend machen kann.

Beispiel: K kauft sich einen schicken Anzug, weil er diesen auf der Hochzeit seiner Tochter tragen will. Kurz darauf platzt die Hochzeit, weil sich die Tochter von dem Verlobten getrennt hat.

4. Der Umstand muss bei § 313 Abs. 1 später wegfallen und bei § 313 Abs. 2 sich als von Anfang an falsch zugrunde gelegt herausstellen.

Typische Fälle sind:

- **Äquivalenzstörung** durch Katastrophen: wirtschaftliche oder politische Katastrophen, Naturkatastrophen
- **Zweckstörung:** z.B. Fensterplatz mit Blick auf den Karnevalsumzug gemietet; Umzug wird verlegt
- **Doppelirrtum:** da insofern Anfechtungsrecht unanwendbar ist, weil sonst vom Zufall abhinge, wer zuerst anficht und damit dem anderen aus § 122 Schadensersatz zahlen muss (h.M.)

III. Rechtsfolge der SGG, § 313 Abs. 1, Abs. 3

1. Zunächst ist eine **Vertragsanpassung zu versuchen, § 313 Abs. 1 Hs. 2**, welche jedoch in der Regel daran scheitert, dass eine interessengerechte Lösung für beide Parteien nicht erreicht werden kann.

2. Ist eine für beide Parteien interessengerechte Anpassung des Vertrages unmöglich, kann der Benachteiligte vom Vertrag zurücktreten, § 313 Abs. 3 S. 1. Das Geleistete ist dann **rückabzuwickeln** gemäß §§ 346 ff.

Klausurtipp: *Bei einem Rücktritt ist insofern wieder die* ***Doppelfunktion*** *der SGG zu beachten:* !

Einerseits liegt bei Rücktritt ein Untergangsgrund für die noch geltend gemachten Erfüllungsansprüche, z.B. aus § 433 Abs. 1, vor, also Aufbau: „Anspruch entstanden, aber untergegangen durch Rücktritt gemäß § 313 Abs. 3 S. 1".

Andererseits ergibt sich ein Rückgewähranspruch über §§ 346 ff., damit bereits erbrachte Leistungen rückabgewickelt werden können.

Für **coronabedingte Leistungsstörungen** sind die **Sonderregelungen in Art. 240 EGBGB** zu beachten:

- Art. 240 § 1 EGBGB: Moratorium für sozialrechtliche Dauerschuldverhältnisse
- Art. 240 § 2 EGBGB: Einschränkung des Kündigungsrechts bei Miete/Pacht
- Art. 240 § 3 EGBGB: Darlehen
- Art. 240 § 5 EGBGB: Gutscheinlösung für Freizeitveranstaltungen
- Art. 240 § 6 EGBGB: Reisegutschein
- Art. 240 § 7 EGBGB: Gewerberaummiete

1. Wo ist Störung der Geschäftsgrundlage geregelt?

1. Die Regelung der Störung der Geschäftsgrundlage findet sich in § 313.

2. Warum ist Störung der Geschäftsgrundlage restriktiv anzuwenden?

2. Die Störung der Geschäftsgrundlage wurde in § 313 nur als Auffangtatbestand geregelt. Daher haben zunächst vertragliche Regelungen, die ggf. auch durch ergänzende Vertragsauslegung ermittelt werden können, Vorrang. Ferner ist Anfechtungsrecht, §§ 119 ff. vorrangig. Vorrang hat auch das Leistungsstörungsrecht, also Unmöglichkeit, Verzug sowie Gewährleistungsrecht. Gleiches gilt für ein etwaiges Kündigungsrecht im Rahmen von Dauerschuldverhältnissen, § 626 oder § 314. Insofern ist stets die Anwendbarkeit des § 313 zu problematisieren. Für coronabedingte Störungen finden sich Sonderregelungen in Art. 240 EGBGB.

3. Was sind die Voraussetzungen für Störung der Geschäftsgrundlage?

3. Die Voraussetzungen für die Störung der Geschäftsgrundlage ergeben sich aus § 313 Abs. 1 und Abs. 2: Erforderlich ist ein Schuldverhältnis (vertragliches oder gesetzliches Schuldverhältnis). Ferner ist erforderlich, dass die Parteien eine gemeinsame Vorstellung über einen bestimmten Umstand hatten, welcher zur Geschäftsgrundlage geworden ist. Dies lässt sich nur annehmen, wenn es sich um einen Umstand handelt, der für den Vertrag geschäftswesentlich ist. Dieser Umstand darf nicht ausschließlich im Risikobereich einer Partei liegen. Denn § 313 dient nicht dazu, das Risiko wieder abzuwälzen. Weitere Voraussetzung ist, dass sich der Umstand später schwerwiegend verändert hat oder weggefallen ist, § 313 Abs. 1 oder dass sich die Vorstellungen der Parteien hinsichtlich des Umstandes von Anfang an als falsch herausstellen (§ 313 Abs. 2).

4. Was sind die Rechtsfolgen bei Störung der Geschäftsgrundlage?

4. Gemäß § 313 Abs. 1 Hs. 2 kann in erster Linie Anpassung des Vertrages an die neuen Gegebenheiten verlangt werden. Dies wird vielfach scheitern, da eine Anpassung unparteilich, d.h. im Sinne beider Parteien erfolgen muss und dies regelmäßig schwierig ist. Scheidet eine Vertragsanpassung aus, so kann gemäß § 313 Abs. 1 S. 1 die betroffene Partei, für die das Festhalten am unveränderten Vertragsinhalt unzumutbar ist, zurücktreten. Bei Dauerschuldverhältnissen ist § 313 Abs. 3 S. 2 zu beachten, wonach ein Kündigungsrecht besteht.